RELAÇÕES TRABALHISTAS E CONTRATAÇÃO COLETIVA, NO BRASIL E NA UNIÃO EUROPEIA

DENISE POIANI DELBONI

Doutora em Organizações e Recursos Humanos pela Fundação Getúlio Vargas — FGV-SP e Mestre em Administração de Empresas pela FEA-USP, a autora é graduada em Direito pela USP e Administração pela Universidade Mackenzie e conta com experiência de 20 anos nas áreas de Relações Trabalhistas em empresas de grande porte como Johnson & Johnson e Suzano de Papel e Celulose, além da prática jurídica. Atua como professora universitária e como Coordenadora do curso Direito Empresarial do Trabalho, no GVLaw, da Fundação Getúlio Vargas — FGV-SP. É autora de diversos artigos acadêmicos, publicados no Brasil e no exterior.

RELAÇÕES TRABALHISTAS E CONTRATAÇÃO COLETIVA, NO BRASIL E NA UNIÃO EUROPEIA

EDITORA
LTr®
SÃO PAULO

Dados Internacionais de Catalogação na Publicação (CIP)
(Câmara Brasileira do Livro, SP, Brasil)

Delboni, Denise Poiani
  Relações trabalhistas e contratação coletiva no Brasil e na União Europeia / Denise Poiani Delboni. — São Paulo : LTr, 2009.

  Bibliografia.
  ISBN 978-85-361-1437-8

  1. Contrato coletivo de trabalho — Brasil 2. Contrato coletivo de trabalho — União Europeia 3. Direito do trabalho — Brasil 4. Direito do trabalho — União Europeia 5. Relações trabalhistas — Brasil 6. Relações trabalhistas — União Europeia I. Título.

09-06178   CDU-34:331.116(81)(04)

Índices para catálogo sistemático:

1. Brasil : Relações trabalhistas : Contrato coletivo de trabalho : Direito do trabalho   34:331.116(81)(04)

2. União Europeia : Relações trabalhistas : Contrato coletivo de trabalho : Direito do trabalho   34:331.116(81)(04)

Produção Gráfica e Editoração Eletrônica: **R. P. TIEZZI**
Revisão Técnica: **TAMIRA FIORAVANTE**
Capa: **ELIANA C. COSTA**
Impressão: **ESCOLAS PROFISSIONAIS SALESIANAS**

© Todos os direitos reservados

EDITORA LTDA.

Rua Apa, 165 — CEP 01201-904 — Fone (11) 3826-2788 — Fax (11) 3826-9180
São Paulo, SP — Brasil — www.ltr.com.br

Não apenas pela amizade, mas, sobretudo, pela valiosa ajuda ao longo da fase inicial de pesquisa, são imprescindíveis os agradecimentos a:
Carlos Eduardo Uchoa Fagundes,
Ivete Giorgetti,
Prof. Cassio Mesquita Barros Junior,
Prof. Adalberto Fischmann,
Prof. Helio Zilberstajn,
e Vinicius Pegoraro de Araújo.
Um agradecimento especial à Dra. Tamira Fioravante,
que me incentivou a publicar minha dissertação de mestrado,
dispondo de suas preciosas horas para a revisão deste trabalho.

aos meus pais,
que me apontaram, de forma incisiva, o caminho dos estudos e

ao meu marido,
que me incentivou a nele prosseguir...

Sumário

Apresentação — *Dr. Paulo Sérgio João* 9

Prefácio — *Cássio Mesquita Barros* 11

Introdução 17

Capítulo 1. O SISTEMA DE RELAÇÕES DE TRABALHO NO BRASIL 27

1.1. Figuras das relações de trabalho no Brasil e sua terminologia 27
1.2. Evolução das relações de trabalho no Brasil 31
1.3. Mudanças nas relações coletivas de trabalho no Brasil nos últimos dez anos 40
1.4. O mercado de trabalho no Brasil e a proteção oferecida pela legislação trabalhista 44

Capítulo 2. CARACTERÍSTICAS DA CONTRATAÇÃO COLETIVA 57

Capítulo 3. EXPERIÊNCIAS DE NEGOCIAÇÃO COLETIVA EM OUTROS PAÍSES 63

3.1. Experiências de adoção do contrato coletivo de trabalho em alguns países 63
3.2. Itália 67
    3.2.1. Contratação coletiva no setor público 74
3.3. Espanha 77
3.4. Alemanha 85
3.5. França 99
3.6. Quadros-resumo 104

Capítulo 4. A COMPREENSÃO DO CONTRATO COLETIVO ENTRE OS RESPONSÁVEIS PELAS RELAÇÕES DE TRABALHO EM NOSSO PAÍS ... 107

Considerações finais 123

Bibliografia 127

Anexo 1 135

Anexo 2 143

Apresentação

O Direito Coletivo do trabalho vive um momento de transição e de busca da efetiva representação sindical legítima, que seja capaz de dar eficácia às negociações coletivas e, por conseguinte, segurança jurídica nas relações jurídicas.

E o dilema de compatibilizar a segurança da lei que assegura direitos individuais com a flexibilização adequada à evolução do desenvolvimento econômico não é tarefa fácil e traz questionamentos frequentes segundo o modelo que se pretenda adotar. As negociações coletivas têm demonstrado ser um passo certo para essa transformação e adequação e a autora aponta as contratações coletivas como o início do processo de flexibilização das normas trabalhistas.

A fim de atingir seu objetivo, faz-se necessária a avaliação da dosagem de interferência do Estado que reflete na intensidade da liberdade negocial. Além disso, a visão crítica do sistema de organização sindical e forma de representação nas negociações coletivas se impõe para compreender de que forma o sindicato se autoriza como caixa de ressonância da vontade coletiva dos trabalhadores e, no mesmo sentido, a representação patronal.

Nesta obra, a autora faz com esmero uma pesquisa de campo, trazendo ao estudo um diferencial que sai da simples pesquisa doutrinária acadêmica e dá corpo e conteúdo às suas conclusões.

Esta obra da professora *Denise Delboni*, intitulada *Relações Trabalhistas e Contratação Coletiva no Brasil e na União Europeia*, que, tenho o prazer e a satisfação pessoal de apresentar, em muito vai colaborar aos que se dedicam ao estudo do Direito Coletivo do Trabalho.

Sobre a autora, eu a conheci quando participamos de cursos na Fundação Getúlio Vargas sobre o método caso, nos debates em grupo e, desde lá, percebi sua dedicação à vida acadêmica, conciliando a formação jurídica com a boa prática em relações trabalhistas voltadas a recursos humanos.

Estas características profissionais, acadêmicas e pessoais levaram-me a convidá-la a integrar a coordenação do curso de Direito Empresarial do Trabalho da GVLAW, da Escola de Direito da Fundação Getúlio Vargas — EDESP.

Não é frequente encontrarmos, na área das relações trabalhistas, trabalhos que unam a prática com informações jurídicas de relevo para que o profissional tanto do direito como aquele dedicado às relações coletivas possa se utilizar.

A obra que a professora *Denise* está oferecendo à literatura jurídica tem o privilégio de trazer a evolução de conceitos do direito coletivo do trabalho e, também, de trazer informações de destaque dos conflitos trabalhistas, passando por modelos estrangeiros que poderão servir como parâmetro de comportamentos desejáveis ou não.

Tenho certeza de que aqueles que tiverem acesso à leitura dessa obra não se arrependerão e, ao contrário, somarão conhecimentos valiosos e que poderão ter aplicação na vida profissional e acadêmica.

Prof. Dr. *Paulo Sérgio João*
Professor do curso de Pós-graduação do Programa de Pós-graduação da PUC-SP.
Professor Coordenador do Curso de Direito Empresarial do Trabalho da GVLAW.

Prefácio

O livro, que tenho a honra de apresentar, toca em um tema crucial do mundo do trabalho, qual seja, "as relações de trabalho". Com razão, a autora quando observa que as relações de trabalho vêm sendo repensadas em todo o planeta, em virtude, sobretudo, do novo cenário eminentemente competitivo do mercado global.

No trato das questões fundamentais que hoje envolvem a "relação de trabalho", a autora revela sua intenção de ensinar, informar, orientar, fornecer conhecimentos, relatar fatos, transmitir dados e informações, pesquisas e resultados que possam beneficiar os estudiosos do tema.

É interessante observar que, seja qual for o aspecto tratado, tem o rosto da personalidade da autora e da sua emoção inconfundível, produto de seu equilíbrio e ponderação.

Assim é que, a obra, além de possuir essa força interna, vai se desenvolvendo como se fosse uma espécie de carta piloto, abrindo os caminhos e vencendo os obstáculos, passando pela Itália, Espanha, Alemanha, França e pelo Brasil.

A experiência vivenciada por esses países da Europa Central conduz à análise para algumas dimensões significativas da contratação coletiva. A figura do contrato coletivo do trabalho vai se desenhando como um instrumento possível de implantação da aclamada flexibilização dos direitos trabalhistas.

Estamos, nesse passo, de acordo com a autora. Já temos dito e repetido que para emitir uma opinião sincera sobre a lista das vantagens nominais, que a Constituição de 1988 abrigou como direitos fundamentais de aplicação direta diante do quadro econômico e social dos nossos dias da globalização e da crise cultural que convulsiona a sociedade dos países emergentes, exige-se uma abordagem que permita conjecturas sobre o futuro das relações entre o capital e o trabalho no Brasil, muito além da opinião de se tratar de legislação avançada.

O que precisa é enxergar a lista de vantagens prodigalizadas pela Constituição, não como simples esquema normativo que disciplina as relações entre empregados e empregadores, mas como diploma constitucional, no seu perfil político e ideológico, para entender o seu atual e evidente descompasso com a realidade.

Nessa perspectiva, é preciso reconhecer que teremos de atravessar a estreita passagem entre o direito posto e a crítica política, conscientes de que, no fundo, o direito é uma opção política que a forma jurídica incorpora.

(GOMES, Orlando. *Perspectivas atuais da CLT*, conferência proferida no Brasil, em 1983, em Simpósio promovido pela Academia Nacional de Direito do Trabalho).

O modelo preferido pela Constituinte foi o da filosofia autoritária e paternalista, que não confirma a propalada filosofia política democrática da Constituição de 1988.

As medidas de proteção foram elevadas ao ápice — de ordem pública — no mesmo estilo da CLT, que consolidou as concessões outorgadas por Getúlio Vargas aos trabalhadores. Esse é um estilo inaceitável nos países em que o legislador não tenha inspiração totalitária.

Na realidade, a Constituição se "celetizou", condensando um grande número de regras rígidas e uniformes de direito individual, tutelar, coletivo, previdenciário e assistencial do trabalho, para todo o imenso e diversificado território brasileiro.

A generosidade com que a Constituição ampliou as vantagens, já formalmente asseguradas pela CLT, deixa a impressão de que só se considerou o aspecto social, com menosprezo de suas dimensões econômicas, políticas e jurídicas indiscutíveis. Na verdade, é difícil estabelecer uma separação correta entre o social e o econômico, que mesmo doutrinariamente, é difícil de ser traçada.

Nesse sentido, vale lembrar *José Afonso da Silva*:

"Não é fácil estremar, com nitidez, os direitos sociais dos direitos econômicos. Basta ver que alguns colocam os direitos dos trabalhadores entre os direitos econômicos e não há nisso motivo de censura, porque, em verdade, o trabalho é um componente das relações de produção e, nesse sentido, tem dimensão econômica indiscutível." (*Curso de direito constitucional positivo*. 13. ed. rev. e atual. São Paulo: Malheiros, 1977. p. 277).

Na verdade, a crise do sistema de valores que identifica a sociedade moderna abre caminho à institucionalização de novos processos para composição dos interesses coletivos do empresariado e dos trabalhadores.

Os novos processos traduzem uma reviravolta, que lembra a passagem dos status para o *contractus*, transportando para o plano trabalhista a orientação de que os atores sociais — empresários e sindicatos — devem elaborar, eles próprios, as regras de sua convivência, fora de toda e qualquer ingerência dos poderes públicos.

Vale dizer que a solução dos conflitos do trabalho está no diálogo, na negociação, não na lei de ordem pública, rígida e uniforme, nem na sentença normativa e, muito menos, na ação repressiva.

A reviravolta de que se fala não significa mudança nos pressupostos ideológicos de proteção da legislação do trabalho, nem sequer o abandono da experiência jurídica acumulada. Significa, sim, uma mudança de postura e de estilo que resulta do desenvolvimento do nosso país, que passa do capitalismo adolescente para o capitalismo que amadurece na revolução tecnológica, lastimavelmente num quadro de problemas angustiantes, porque a mudança coincide com a crise econômica que atingiu o mundo moderno e agora o sistema norte-americano e pelos reflexos do insucesso das megaempresas no mundo inteiro.

O espírito do direito do trabalho é que passa para outra dimensão, pois, no mundo globalmente interligado, precisamos de uma nova e amplíssima visão da realidade. Os pressupostos do modelo revivido pela Constituição de 1988 têm afetado seriamente nossa saúde individual e social, tanto que o direito do trabalho já conhece hoje o drama de sua ineficácia.

No plano puramente formal, pode-se sustentar que o modelo é um avanço, mas o que interessa é averiguar se a legislação trabalhista, oriunda da CLT, e substancialmente recondicionada e ampliada na Constituição atende à realidade atual.

Em suma, torna-se necessário saber se os valores recolhidos e ampliados da legislação formalmente vigente são eficazes, se funcionam no nosso país, ou se, ao contrário, não têm sentido em grande parte do Brasil, perderam a razão de ser em outras regiões ou são contestados no momento de serem aplicados.

Exatamente no momento em que os países ricos oferecem amplas oportunidades de progresso à iniciativa privada e que o centro das atenções é o conceito de flexibilidade da norma jurídica, o Brasil insiste no modelo de um direito do trabalho rígido, aparatoso, complexo, com muitas regras obscuras, que freiam a iniciativa privada e levam o empresário ao imobilismo para melhor se assegurar, aumentando a cada passo o custo da produção.

Precisamente quando as novas formas de trabalho conduzem a modos diversificados na organização das empresas que já não poderão ser contidas por um direito único e estatal, porque empresários e trabalhadores estão necessitando enfrentar, na realidade vital, soluções novas que satisfaçam suas necessidades, a Constituição de 1988 recondiciona e amplia o direito, no estilo anterior às leis trabalhistas em vigor.

Os problemas resultantes desse período histórico de mudanças estão formulando novas e emergentes exigências também ao Direito. Por isso mesmo o trabalho geral, absoluto, cheio de normas inafastáveis de ordem pública, precisa ser substituído por um direito particular, diversificado, evolutivo e negociado.

O modelo constitucional inspirado, que foi em pressupostos culturais superados, é inadequado aos novos tempos. Constitui ele a prova da crise cultural de percepção que vivemos.

As transformações culturais são etapas essenciais no desenvolvimento da civilização, mas não prescindem de posturas adequadas para enfrentar seus problemas.

Pode-se dizer que a segunda revolução industrial — a tecnológica — ainda não está implantada no nosso país. Este não é, porém, um argumento convincente e nem é preciso sair das Américas para demonstrar essa verdade.

A Constituição norte-americana, promulgada há mais de duzentos anos, em 1787, foi escrita antes que a primeira revolução industrial, no século XVIII, passasse a ser um fator conhecido no país. Não obstante, estabeleceu a estrutura para a evolução de uma nova Nação. Isso mostra, antes de tudo, que a Lei pode servir de guia para uma Nação.

De fato, três dos seus conceitos mais importantes forneceram o arcabouço para a ideologia trabalhista e a formação dos sindicatos: 1) a importância dos indivíduos; 2) o valor da pequena sociedade como canal das aspirações sociais e éticas do ser humano; 3) o papel do Governo como árbitro e como preservador do processo de negociação política e social.

Os constituintes norte-americanos eram empresários da área do comércio e, portanto, davam valor à negociação, à sacralidade do contrato e ao ambiente de ordem, experiências que, traduzidas para o texto constitucional norte-americano, garantiram a estrutura para a solução dos futuros conflitos, tanto entre grupos de interesse, como entre o ideal supremo e a realidade política imediata.

A sacralidade do indivíduo está implícita na definição de democracia, porque é quem escolhe seus governantes. Nesse conceito estão os direitos fundamentais do indivíduo, direitos inalienáveis que advêm de uma autoridade externa, suprema e acima do governo humano.

Os constituintes norte-americanos limitaram esses direitos impedindo que um impusesse sua vontade ao outro. O ideal da democracia é a realização individual, mas a estrutura da democracia se destina a assegurar o uso de seu direito, pelo cidadão, somente até onde começa o direito do vizinho. Homens da realidade prática, não tinham a ideia romântica que apoia uma visão anárquica da sociedade, pois é preciso ter-se em conta a natureza do homem.

Além disso, o conceito de comprador e de vendedor negociando a qualidade e o preço, livre da interferência governamental, estimulou a economia de mercado e a propriedade privada. Lançou-se a democracia transacional, compromissada com a liberdade do indivíduo e com as pequenas sociedades de que participa.

A oportunidade aberta a tais negociações deu à democracia norte-americana a flexibilidade para o mundo em dois séculos: primeiro, pela revolução industrial; segundo, pela revolução tecnológica, que transformou completamente a primeira.

A ideologia trabalhista, marcada pelo imigrante inglês *Samuel Gompers*, aceitou o papel do trabalho como agente negociador numa sociedade democrática pluralista e transacional.

Os marxistas, que lutaram pela sociedade baseada no trabalho, mas marcada pela luta de classes e pela revolução, ao quererem refazer a sociedade à sua própria imagem, sucumbiram ante o movimento trabalhista de *Gompers*, de prestigiar o trabalho e aumentar o seu poder, em benefício do trabalhador e não da revolução política para a edificação de um Estado pedagogo. Não seria mais adequado falar-se em Estado demagogo?

O sistema de relações entre o capital e o trabalho representa o micro-organismo da sociedade democrática como seu todo.

Por isso precisamos estimular a eliminação das obstruções, a criatividade dos indivíduos, as pequenas sociedades, além de desenvolver e aperfeiçoar os mecanismos de negociação entre empregados e empregadores.

Enfim, deve-se dar o devido valor à negociação, à sacralidade do contrato e ao ambiente de ordem que deve reinar no local de trabalho, onde se concentra a produção.

Nesse quadro, a autora merece cumprimentos pelo extenuante trabalho que realizou com a finalidade de alcançar o ideal da convivência entre o capital e o trabalho e acertar o passo com o desenvolvimento econômico.

Cássio Mesquita Barros
Advogado. Professor Titular aposentado de Direito
do Trabalho da Universidade de São Paulo.

Introdução

Com milhares de trabalhadores insatisfeitos em sua relação de trabalho aguardando, na sua grande maioria, durante anos, uma sentença nos inúmeros processos trabalhistas que se têm instaurado perante nossos tribunais para garantia de seus direitos, paralelamente às enfáticas e frequentes queixas entre o meio empresarial quanto à rigidez de nossas leis trabalhistas, faz-se imprescindível a retomada, com muito mais vigor e atenção, de estudos e propostas sobre as relações de trabalho no Brasil.

Para que se tenha uma ideia da grandeza desses dados, proporcionalmente à população brasileira de trabalho formal em nosso país, tem-se notícia de que, somente no ano de 2005, quando teve início a vigência da Emenda Constitucional n. 45/04, mais de 250 mil reclamações trabalhistas[1] foram distribuídas nos Tribunais do Trabalho. É bem verdade que a proporcionalidade dessas ações difere muito entre os Estados brasileiros, mas, pensando-se em São Paulo, trata-se do local onde ocorre a maior concentração de empregos e, consequentemente, o maior número de processos ajuizados. Somente no primeiro semestre de 2008, 162.173 provas reclamações trabalhistas foram ajuizadas no Estado, de acordo com os dados do TRT-2ª Região — SP[2].

Não é por outra razão, aliás, que os nossos jornais e a mídia, de um modo geral, têm-se ocupado insistentemente com tal assunto, principalmente ao longo dos últimos 10 ou 15 anos, enfatizando a colocação de problemas referentes às atuais e insustentáveis relações de trabalho no Brasil, que se apresentam desde a forma de meras intenções de greves dos mais distintos setores ou categorias, até propostas para a melhoria do sistema de relações entre capital e trabalho, das mais diversas natureza e procedência.

Aliás, com a heterogeneidade das relações trabalhistas verificadas em nosso país, é de estranhar-se a não ocorrência de maior número de greves e manifestações, principalmente se levarmos em consideração que muitos empregados em regiões mais carentes de ofertas de trabalho almejam, ainda, nos dias de hoje, serem agraciados com, pelo menos, um salário mínimo, sendo conhecido que trabalham, não raras vezes, em precárias condições de higiene

---

(1) BOCATO, Raquel. Reclamações trabalhistas crescem 14% em São Paulo. *Folha On line*, 21.11.2005. Disponível em: <http://www1.folha.uol.com.br/folha/classificados/empregos/ult1671u2501.shtml> Acesso em: 20.8.08.
(2) TST, Serviço de informações e estatísticas. Disponível em: <http://www.revista trabalhista.com.br/new/site/ver_noticia/197> Acesso em: 29.8.08.

e de subsistência, e não raras vezes, são recebidas denúncias pelo Ministério Público do Trabalho sobre trabalho infantil ou escravo.

Entretanto, ironicamente, a mesma heterogeneidade que distancia boas e más relações de trabalho (e que faz deste um país em que se acostuma com a pobreza em contraste com o desperdício), tem sido apontada, ao mesmo tempo, como uma das causas e como um dos maiores empecilhos para o alcance de um sistema de relações de trabalho mais flexível para os brasileiros.

Isso porque, da forma como atualmente se encontram reguladas as relações brasileiras de trabalho, ou seja, com base no sistema legalista, em que a lei e não a negociação é a principal fonte de direito entre as partes, sabe-se que é de fato impossível, ainda que por meio da mais intensa fiscalização, fazer valer a imensa relação de direitos previstos em nossa Consolidação das Leis do Trabalho para todos os empregados brasileiros, alocados em diferentes regiões, obrigados a sujeitarem-se às mais díspares condições de trabalho, sob pena de não subsistirem.

Agrava-se ainda mais o problema quando, em virtude da rigidez imposta por nossa legislação, sabendo da dificuldade em cumpri-las, posiciona-se o empregador entre alternados caminhos: o primeiro, não tentando esquivar-se do peso das leis, obrigando-se, portanto, ao pagamento de baixos salários, que compensem o recolhimento de encargos sociais elevadíssimos[3], o que acabará fatalmente por levá-lo à justificativa de um investimento menor em treinamento e qualificação geral do empregado, já que este lhe é tão caro.

Tal situação, envolta pela mesma rigidez legislativa, em épocas de crise e alta concorrência no mercado, poderia, até mesmo, implicar no fechamento ou deslocamento de empresa, cujas consequentes demissões acabariam por lançar ao mercado mais trabalhadores, em sua maioria sem adequada formação técnica, agravando ainda mais uma possível recessão, ao elevar aos poucos, a taxa de desemprego local.

Nesse esteio, há autores, inclusive, que mencionam a questão do entrave para novos investimentos estrangeiros, provocado pela legislação trabalhista vigente e pela falta de qualificação profissional da esmagadora maioria dos empregados brasileiros.

Outra alternativa e, com certeza, a mais verificada nos últimos tempos, tem sido a de manter-se o empresariado operante em seu negócio, porém verdadeiramente "driblando" a legislação trabalhista, engordando não as taxas de desemprego, mas, de um modo evidentemente menos doloroso (mas não por isso melhor), a chamada economia informal de trabalho, que se apropria do trabalho dos cidadãos, sem a contrapartida de benefícios ou de carteira de

---

(3) Que, não raras vezes, podem chegar, em empresas de maior porte, a 150% sobre o salário-base fixado.

trabalho assinada e que, atualmente, representa, no Brasil, mais da metade da população economicamente ativa[4].

Ocorre que essa prática, embora represente uma oportunidade ou uma frente de trabalho para os brasileiros, gera um impacto irreversível em dois importantes campos da economia: o PIB (Produto Interno Bruto) e a Previdência Pública. No caso do PIB, a informalidade no mercado de trabalho tende a atrapalhar seu desempenho, uma vez que as ocupações sem carteira de trabalho assinada reduzem a produtividade, como consequência da elevada rotatividade (*turnover*) nesses postos informais, o que afeta o comprometimento e o aprendizado do trabalhador[5].

E, ainda, embora essa prática permita que se mantenha trabalhando boa parte da população economicamente ativa, acaba por estrangular nosso sistema de previdência pública, uma vez que reduz drasticamente a arrecadação de INSS para os cofres públicos. Isso diminuiu a certeza e o valor da aposentadoria para as gerações futuras, além de fazer com que se sujeitem os indivíduos às mais heterogêneas condições de trabalho, desde a ausência de registro (e, portanto, sem qualquer recolhimento indireto em prol dos empregados), até a não observância de direitos mínimos que a lei brasileira ou os sindicatos entenderam como indispensáveis ao trabalhador, dentre eles o pagamento de horas extras, vale-transporte, alimentação, observância da jornada de trabalho máxima e tantos outros.

Assim, se por um lado procurou o legislador preservar a integridade dos trabalhadores, oferecendo-lhes a obrigatoriedade da tutela do Estado, fazendo--os pensar que estariam completamente amparados em suas relações de trabalho, por outro, a realidade parece aos poucos demonstrar que o paternalismo com o qual se tentou proteger os empregados, hoje, antagonicamente, pode representar um forte argumento para seu futuro desemprego.

Isso se deve ao fato de que, acima das diversidades verificadas em nosso país, não apenas socialmente, mas sobretudo em termos de conscientização de nossos empregadores, há o entendimento irrefutável de que só as melhores, empresas conseguirão sobreviver no mercado competitivo com o qual passamos a conviver nas últimas décadas. E, sem dúvida, entre as melhores, estarão as de estrutura organizacional mais ágil e as que fatalmente substituirão parte de sua mão de obra desqualificada por altíssimos investimentos em tecnologia ou, na melhor das hipóteses, na substituição de seus empregados por outros de notada qualificação profissional.

---

(4) Resultado do estudo *Brasil:* o estado de uma nação, realizado em 2006 pelo Instituto de Pesquisa Econômica Aplicada (Ipea). O trabalho traz uma avaliação da conjuntura econômica no período 2004-2005.
(5) *Gazeta Mercantil*, 9.3.2005, artigo sobre a queda do PIB, a partir de estudos do IPEA, realizados por Paulo Levy e Fabio Giambiagi.

E, desse modo, ainda que seja inegável que a cultura de um povo deve ser vista como o alicerce para a determinação de seu sistema de relações trabalhistas, não se pode deixar de olhar para o resto do mundo, para as economias mais avançadas e observar que as empresas, independentemente da cultura de seu povo, devem competir mais soltas, menos atreladas ao lento ritmo das leis.

Inúmeros estudos têm sido dedicados à compreensão da possível relação direta entre as condições de trabalho e os índices de produtividade e qualidade obtidos pelas empresas, o que evidentemente não pode ser ignorado principalmente pelos empresários e legisladores; os primeiros porque muito provavelmente perderiam mercado com produtos de baixa qualidade a elevados custos, os segundos porque seriam, por certo, apontados como responsáveis indiretos pela não inclusão de nossa economia num cenário internacional, autores que são de mecanismos lentos de garantias para os trabalhadores, pouquíssimo oportunos à realidade mundial.

E, assim, alguns empresários têm procurado ajustar-se aos novos tempos, considerando que a insatisfação dos empregados, seguida de possíveis greves, aliada ao seu despreparo frente às novas tecnologias no processo produtivo, afetam intensamente os resultados da empresa, o que os tem levado ao oportuno questionamento sobre a "democratização das relações de trabalho", entendida, como uma maior participação dos próprios trabalhadores em seu local de trabalho.

Nesse sentido, não apenas o aspecto social decorrente do contrato coletivo parece interessar aos empregadores, mas sobretudo a mudança em termos de administração de suas empresas seria relevante, na medida em que a contratação coletiva, em tese, permitiria impactos positivos no resultado das empresas, possibilitando trabalhadores melhor preparados e mais participativos a custos reduzidos.

Parece-nos, deste modo, que o protecionismo que se tem verificado, no caso do emprego, no Brasil, durante toda a história, e que de modo desastroso parece ter subtraído a condição participativa da maioria dos trabalhadores, deve, fatalmente, ceder lugar às novas regras de uma economia completamente aberta e competitiva, sob pena de, a curtíssimo prazo, ser entendido como sinônimo de desemprego, este muito mais elevado nos países que não puderem competir.

Como se poderá observar nos capítulos seguintes, embora presente e devidamente regulada no Brasil a figura democrática da negociação coletiva, já há mais de 50 anos, ainda nos dias de hoje é prevista sua ocorrência sob a interferência direta do Estado, uma das razões pelas quais tem sido vista, por vezes, como situação na qual "os empresários simplesmente sancionam o crescimento nominal de salários, repassando os reajustes aos preços"[6]. E a situação é de tal forma acentuada, com a supremacia da influência do Estado nas negociações, que existe, inclusive, a possibilidade de anulação de cláusulas pactuadas em acordos ou convenções coletivas entre empregadores e empregados, uma vez que, mesmo com o desejo e a anuência das partes, o direito, em nosso país, é considerado "estatutário"[7], ao contrário do direito consuetudinário que se verifica em países como Inglaterra, EUA e Japão, onde prevalece a vontade das partes.

Além disso, ao olharmos mais atentamente para o movimento sindical no Brasil, percebemos um sindicalismo fortemente controlado por sucessivos governos militares, já a partir de 1968, com salários e condições de trabalho verdadeiramente ditados por órgãos governamentais, o que tem sido considerado, por vezes, como o grande responsável pela falta de interesse em reais negociações, tanto por parte dos empresários como por parte dos representantes dos trabalhadores.

Desse modo, a preocupação, hoje, com nossas relações de trabalho, não deve ser restrita especificamente à adoção do Contrato Coletivo de Trabalho e, sim, deve ater-se, fundamentalmente, ao questionamento mais profundo sobre a passagem de nossas relações de trabalho de um sistema legalista, em que a lei é fonte de direito entre as partes, para um modelo contratualista, tal como se verifica nas sociedades mais modernas.

O sistema contratualista pressupõe a negociação direta entre empregadores e empregados, sem a intervenção de terceiros, fazendo com que desta relação advenha o que será considerado lei entre as partes. Ao contrário do que ocorre no Brasil, "na América do Norte e Europa, por sua vez, predomina o sistema negocial onde o contrato coletivo estabelece praticamente tudo e a lei o mínimo. A Justiça do Trabalho, quando existe, se limita a dirimir impasses de direito e não de interesse".[8]

E, a partir daquele tipo de negociação, podem ocorrer diversas figuras resultantes do acordo que estabelecem as partes, entre elas a do Contrato Coletivo de Trabalho, que nada mais é que um acordo bilateral de estipulação de condições de trabalho, compondo-se de duas partes: uma normativa, que estabelece as condições de trabalho, e uma obrigacional, na qual os sujeitos da relação (sindicatos e associações empresariais ou empresas) comprometem-se a determinadas obrigações no intuito de assegurarem efetivamente o

---

(6) ZYLBERSTAJN, Hélio. Contrato coletivo e aprimoramento das relações de trabalho: para onde vamos? In: *Revista Estudos Econômicos*. São Paulo: IPE/USP, v. 22, p. 3, 1992.
(7) A produção do direito é quase que exclusivamente legislativa, embora haja possibilidade de criação judiciária do direito, por meio de jurisprudência. O direito estatutário passou a ser adotado, a partir do século XII, nas legislações italianas, expandindo-se o modelo para países como o Brasil, Espanha, França, dentre outros.
(8) PASTORE, José. *Contrato coletivo de trabalho:* virtudes e limites. São Paulo: USP, out. 92. p. 2.

pactuado, por meio de condições de estabilidade e fornecimento de meios para a solução de conflitos decorrentes da aplicação ou interpretação do que foi contratado.

O Contrato Coletivo de Trabalho posiciona-se, para muitos, como um instrumento capaz de alcançar o verdadeiro progresso social, sob a alegação de permitir não só a criação de regimes mais favoráveis aos trabalhadores do que os previstos em lei, mas, ainda, a criação de novas instituições e mecanismos melhor adaptados às realidades constatadas no processo produtivo, em constante transformação.

De acordo com *Siqueira Neto* (1991), "a contratação coletiva é o conjunto de princípios e fundamentos que determinam as regras de conduta antes, durante e depois das conversações entre as partes e possibilita um tratamento igual aos iguais e desigual aos desiguais", justificando sua afirmação com o caso das grandes e pequenas empresas, espalhados por tão diversas regiões do país.

Para outros autores, o Contrato Individual de Trabalho traduz-se na impossibilidade de o trabalhador, isoladamente, conseguir fazer valer o exagerado número de direitos previstos nas diversas legislações, quer pela absoluta ineficiência da fiscalização necessária, quer pela morosidade da justiça, além, é claro, pela atuação sem qualquer autonomia por parte dos sindicatos, que também se viram obrigados a se sujeitarem à tutela do Estado desde seu início.

Acredita-se, ainda, que, entre algumas das vantagens a serem auferidas pelos empresários, estão a viabilidade para afastar-se dos efeitos da legislação trabalhista, além de figurar como um dos possíveis mecanismos para garantir menor número de conflitos nas relações cotidianas, pelo fato de manter os trabalhadores informados sobre os rumos e a situação financeira da empresa, o que, fatalmente, inibiria a mobilização para greves e outras manifestações, geradas a partir da insatisfação dos empregados e da falta de conhecimento destes quanto às diretrizes e intenções da empresa.

Assim, para elucidar de modo mais claro as questões relacionadas ao contrato de trabalho como instrumento capaz de melhor regular as relações nas empresas, o presente estudo divide-se em três capítulos: no primeiro, pretende-se demonstrar, num panorama geral, como se dá e qual a origem das atuais relações de trabalho no Brasil, inclusive passando pela ascensão do movimento sindicalista em nosso país, com suas bases legais, a fim de que se possa entender o cenário para o qual é estudada a possibilidade de flexibilização.

No segundo capítulo, deverão ser analisadas as principais características do Contrato Coletivo de Trabalho enquanto instrumento decorrente da negociação entre as partes, seguidas da exposição sobre o modo como ocorre essa figura em alguns países que o adotam, notadamente, sob as seguintes dimensões:

- transição para o atual modelo;
- papel e interferência do Estado nas relações trabalhistas;
- extensão e abordagens da legislação trabalhista;
- organização dos trabalhadores e representação na negociação;
- organização empresarial e representação na negociação;
- estrutura da negociação coletiva;
- itens/conteúdo da negociação do Contrato Coletivo;
- representação dos trabalhadores no local de trabalho;
- mecanismos de resolução de impasses e direito de greve.

Não por outra razão, portanto, foram escolhidos, para a ilustração do presente estudo países com notada tradição em mecanismos reguladores das relações de trabalho, além de suas culturas mais próximas à do povo brasileiro, em termos de tradições legalistas, como é o caso da Itália, Espanha e Alemanha e França, cada qual com sua importância atribuída a um diferente nível de comparação; assim, a Itália, por ter sido o primeiro referencial de nosso sistema legalista; a Espanha, que, antes de sua passagem para um sistema mais flexível, com a adoção do contrato coletivo, pelo volume de suas leis, assemelhava-se muito ao Brasil; a Alemanha, cujo modelo de representação no nível de empresa; é constante alvo da atenção dos sindicalistas, e a França, por fim, devido aos modelos de convenções coletivas adotados por nosso país.

Finalmente, no terceiro capítulo, sob a forma de investigação e por meio de uma amostra intencionalmente escolhida, procurar-se-á identificar o real nível de conscientização dos entrevistados, tanto por parte dos empresários como por parte de sindicalistas e juristas, bem como sua opinião a respeito da possível adoção do Contrato Coletivo de Trabalho e das expectativas que de sua implantação advêm. Para essa etapa, foram entrevistados, no período de março/abril de 1995, os seguites agentes de relações trabalhistas, cuja qualificação se refere à época da pesquisa: *Carlos Eduardo Uchoa Fagundes*, Vice--Presidente FIESP (Federação das Indústrias do estado de São Paulo) e empresário, *Antonio Cursino de Alcântara*, Diretor de Relações de Trabalho da GM do Brasil, Membro do SINFAVEA (Sindicato Nacional das Indústrias de Tratores, Caminhões, Automóveis e Veículos similares), *Rubens Caieiro*, Assessor Jurídico da Federação do Comércio do Estado de São Paulo, advogado trabalhista, *Roberto Ferraiuolo*, presidente do SITIVESP (Sindicato de Tintas e Vernizes de São Paulo) — FIESP, ex-juiz do Tribunal do Trabalho — SP, *José Emídio*, negociador do Grupo Rhodia, *Ramiro Pinto*, vice-presidente do Sindicato dos Metalúrgicos — SP, *Amauri Mascaro Nascimento,* ex-juiz do Trabalho, jurista, prof. da Faculdade de Direito USP, *Eliseu Prata*, negociador da Mercedez-Benz, *José de Freitas Picardi*, ex-negociador da Johnson & Johnson S/A, participante das negociações do grupo 19 da FIESP, *José Ibrahim*, secretário de Relações Internacionais — Força Sindical, *Gilmar Carneiro*, diretor de Relações Sindicais — Sindicato do Bancários, ex-presidente do Sindicato dos Bancários, secretário da CUT Nacional, *Jorge Luiz Martins*, secretário de Política Sindical CUT, *Cássio Mesquita Barros Junior*, prof. da Faculdade de Direito da USP e PUC-SP, jurista, advogado trabalhista, *Carlos Grana*, assessor geral do Sindicato dos Metalúrgicos de São Bernardo do Campo — SP, *William de Vuono*, assessor de Formação Sindical do Sindicato dos Metalúrgicos de São Paulo (vinculado à Força Sindical) e *Hélio Herrera Garcia ("Peninha")*, assessor de Formação Sindical do Sindicato dos Metalúrgicos de São Paulo (vinculado à Força Sindical).

Como se depreende da referida listagem, a escolha dos entrevistados incluiu, em sua maioria, nomes que efetivamente figuravam nas relações de trabalho no Brasil, de forma menos acadêmica e mais integrada ao dia a dia dos fatos e, ainda, de outros, como é o caso dos juristas *Amauri Mascaro Nascimento* e *Cássio Mesquita Barros Junior* que, pela notada participação em projetos de lei sobre as relações de trabalho em nosso país, jamais poderiam ter sido desconsiderados dessa lista.

Todos os escolhidos atuam em negociações ou estudos na região de São Paulo, que propositalmente foi escolhida para ilustrar a pesquisa, não apenas pela facilidade de acesso às informações, como também pelo fato de ser considerada o berço das inovações e debates que se irradiam por todo o país.

Para a efetivação da pesquisa foi utilizado o roteiro de entrevista que é transcrito ao final deste livro (Anexo 1) e que permitiu um direcionamento das questões com base nas dimensões do Contrato Coletivo que se procurou observar.

Também foi objeto de estudo, para a última etapa, complementando as informações obtidas por meio das entrevistas, o anteprojeto da Comissão de Trabalho instituída ainda no governo Collor, publicada em 20.1.93, no Diário Oficial da União, com o objetivo de modernizar a legislação do trabalho, a pedido do então Ministro do Trabalho, *Walter Barelli*, assunto que, decorridos mais de 10 anos desde então, permanece praticamente inalterado.

Tal comissão foi composta por *João de Lima Teixeira Filho, Almir Pazzianotto Pinto, Amauri Mascaro Nascimento, Arion Sayão Romita, Arnaldo Süssekind* e *Cássio Mesquita Barros Junior*, juristas cuja opinião foi fundamental também para o desenvolvimento deste trabalho.

Para o presente estudo, houve foco apenas para a figura do Contrato Coletivo em empresas privadas, inclusive porque, num primeiro momento, é difícil para o setor público imaginar qualquer negociação para seus trabalhadores, cujas reivindicações possam ir além da discussão sobre reposições de perdas salariais.

Para que se pense em aplicação do Contrato Coletivo para o funcionalismo público, com a negociação de aumentos salariais reais ou extensão de benefícios aos funcionários públicos, teríamos, invariavelmente, que ter acesso a um universo muito mais amplo de informações do que numa empresa de capital privado, além do fato de que nos países pesquisados nem sempre fica clara a forma de relações trabalhistas naquele setor.

Também foram excluídas desta pesquisa as relações de trabalho dos empregados agrícolas que, mesmo nos dias de hoje, fazem parte de uma situação completamente atípica em termos de representação e reivindicações trabalhistas, com especiais dificuldades ao exercício do direito de sindicalização principalmente a distância entre os trabalhadores, por exemplo, em grandes latifúndios a falta de instrução dos trabalhadores, a natureza instável de seu trabalho, além da oposição de seus empregadores aos sindicatos.

Cabe esclarecer que, em nenhuma das etapas elencadas, tem-se a pretensão de apresentar informações ou levantamentos aos quais possa ser atribuído qualquer caráter normativo. Tampouco tem-se o objetivo de avançar nas questões e desdobramentos políticos inerentes ao assunto, em que pese sua importância na conduta e tratativa da modernização de nossas relações de trabalho.

Capítulo 1

O Sistema de Relações de Trabalho no Brasil

1.1. FIGURAS DAS RELAÇÕES DE TRABALHO NO BRASIL E SUA TERMINOLOGIA

Observando-se as relações trabalhistas no Brasil, de uma forma mais ampla, e, inicialmente, sob a orientação de nossa Constituição Federal, tem-se que o sistema que sempre vigorou em nosso país tem sido o da *unicidade sindical*, que é a determinação legal da impossibilidade de existência de mais de um sindicato por base territorial; é o monopólio da representação sindical. Por esse sistema, a questão da autenticidade representativa é desprezada em detrimento do cumprimento de formalidades legais.

Há que ser feita, de imediato, entretanto, a diferenciação entre unicidade sindical e o que é chamado de *unidade sindical*, sendo esta última, de acordo com *Siqueira Neto* (1990) "a vontade política dos agentes do direito sindical em manter um mecanismo que assegure a confluência de esforços e forças no sentido de maximizar seu poder de influência e pressão sobre a contraparte (...). A unidade sindical não significa apenas o indicativo da existência de um só sindicato, mas sim, o estágio em que, mesmo com a concorrência de vários sindicatos, a ação sindical processa-se de forma única e indivisível, possibilitando maior repercussão para a obtenção de seus objetivos (...). Não pode ser determinada por lei; depende do nível de articulação dos envolvidos".

Fica claro, portanto, que as duas expressões referem-se a um verdadeiro monopólio do sindicato em sua base, entretanto a expressão unicidade sindical é fruto da determinação legal e é o modelo previsto, atualmente, por nossa Constituição Federal.

A importância que se dá à expressão unicidade sindical é o fato de que ela vai contra o conceito do que seja a *liberdade sindical*, ou seja, o direito dos trabalhadores de organizarem, gerirem e associarem-se a organizações sindicais, sem qualquer interferência dos poderes e autoridades públicas.

Assim, conforme definido pela própria Organização Internacional do Trabalho[1], em sua Convenção n. 87, que recomenda o princípio da liberdade

---

(1) OIT, Publicação especial. *Organização sindical*. Brasília: Ministério do Trabalho. nov. 1993. p. 8.

sindical: "trabalhadores e empregadores, sem distinção de qualquer espécie, têm o direito de constituir, sem autorização prévia, organizações de sua escolha e ou de filiar-se a elas, sob a única condição de observar seus estatutos".

Isso significa que, para que os trabalhadores e empregadores possam organizar-se em grupos ou associações, é necessária a intervenção de autoridades públicas, ou seja, que o país em questão ratifique o referido convênio, em esfera constitucional, o que atribui ao Estado o poder para direcionar relações de trabalho que pretende para seus cidadãos.

Tal convenção não expressa qualquer opinião favorável ou desfavorável à unidade sindical, nem torna a pluralidade sindical uma obrigação; entretanto, requer que essa pluralidade seja possível em todos os casos, deixando claro que "A unidade sindical é perfeitamente compatível com a liberdade sindical, mas só quando essa unidade resulta de uma livre opção dos trabalhadores e dos empregados em questão; uma unidade imposta pelo governo vai contra os princípios da Convenção da OIT"[2].

Entretanto, fato é que a organização dos sindicatos em nosso país em quase nada mudou desde o início de sua instituição, sendo, ainda, o Brasil um dos poucos países a não ratificar a Convenção n. 87 da OIT, que data de 1948 e que, no início da década de 90, já tinha sido ratificada por 100 governos[3].

Pelo sistema que vigora atualmente em nosso país, endossado pelo art. 511 da CLT, "Basta o trabalhador ser introjetado em uma categoria profissional preponderante para estar automaticamente determinado qual sindicato o representará, queira o trabalhador ou não. Essa forma brasileira de monopólio sindical bem sinaliza o menosprezo do legislador para com os atributos essenciais do sindicato, que são a representatividade e a capacidade negocial"[4].

Como se observa, a unicidade sindical, da forma como se impõe atualmente em nossas relações de trabalho, exclui, automaticamente, os trabalhadores de uma participação efetiva, já que os tolhe na escolha daqueles que os representarão numa futura negociação sobre assuntos de seu completo interesse.

Assim, é que o termo *negociação coletiva* se aplica a todas as tentativas de entendimento que têm lugar entre um empregador, um grupo de empregadores ou uma ou várias organizações de empregadores de um lado e uma ou várias organizações de trabalhadores de outro, com vistas a fixar condições de trabalho e de emprego.

---

(2) OIT. *Op. cit.*, p. 13.
(3) OIT. *Op. cit.*, p. 6 (referência a dados obtidos até 1º de março de 1989). Disponível em: <www.ilo.org> Acesso em: 1º.7.95.
(4) TEIXEIRA FILHO, João de Lima. A modernização das relações de trabalho através da negociação coletiva. In: *Revista Gênesis*, Curitiba: Furtado, Benedet e Luchtemberg, n. 24, dez/94. p. 667.

Um processo de negociação coletiva, do modo como se verifica em outros países industrializados, inclui, normalmente: a) a negociação de contratos; b) solução de reclamações; c) arbitragem e mediação; d) greves e *lockouts*. Entre seus assuntos em pauta encontram-se discussão sobre salários, horas-extras, dispensas, readmissões, promoções, transferências, férias, horário de trabalho, reclamações, arbitragem, aprendizado, incentivos e outros, ficando claro que tanto mais crescem os assuntos discutidos quanto mais fortes forem os sindicatos.

A negociação coletiva, instrumento democrático que é, ameniza possíveis conflitos existentes na relação patrão-empregado, uma vez que estes são baseados na existência de diferentes objetivos, necessidades e aspirações; mas ela espelha uma oportunidade de trocar informações sobre os objetivos e problemas de cada parte, esclarecendo em que elas diferem e em que são iguais e mostrando à outra parte como ela pode melhor satisfazer seus interesses. Além disso, a negociação coletiva permite exercitar o processo de integração e criatividade, cuja prática beneficia tanto empregador como empregados.

A negociação coletiva foi tratada por instrumento próprio, da OIT, em 1951, com a definição dos contratos coletivos, seus efeitos, extensão, interpretação e supervisão de sua aplicação.

A partir da negociação, decorrem figuras como a do Contrato Coletivo de Trabalho, que será tratado em capítulo especial e que nada mais é do que um acordo bilateral de estipulação de condições de trabalho, compondo-se de duas partes: uma normativa, que estabelece as condições de trabalho, e uma obrigacional, cujos sujeitos da relação (sindicatos e associações empresariais ou empresas) se comprometem a determinadas obrigações no intuito de assegurarem efetivamente o pactuado mediante condições de estabilidade e fornecimento de meios para a solução de conflitos decorrentes da aplicação ou interpretação do que foi contratado.

As principais diferenças entre contrato individual e contrato coletivo repousam no fato de que, no contrato individual, o trabalhador não tem possibilidade de discutir as condições sob as quais vai trabalhar, enquanto que "no contrato coletivo, através dos sindicatos, os empregados fazem o papel de legislador; fazem a própria lei sobre as condições de trabalho sob as quais passam a operar; ao contrário do contrato coletivo, que pode até aumentar a produtividade, o contrato individual estimula o egoísmo do empregador e do empregado; o contrato individual leva a constantes conflitos individuais e concorre para aumentar o número de queixas e questões na justiça do trabalho" (RIBEIRO, 1967).

Outras figuras decorrentes da negociação coletiva são o *Acordo Coletivo de Trabalho* e a *Convenção Coletiva de Trabalho*. O *Acordo Coletivo de Trabalho*, no entendimento de *Magano* (1980), é "o negócio jurídico celebrado pelos sindicatos dos trabalhadores com uma ou mais empresas da correspondente categoria econômica, que estipulem condições de trabalho aplicáveis no âmbito da empresa ou das empresas acordantes às respectivas relações de trabalho".

De acordo com a legislação ordinária brasileira, em seu art. 611 (*caput* e § 1º), a *Convenção Coletiva de Trabalho* "é o acordo de caráter normativo, pelo qual dois ou mais sindicatos representativos de categorias econômicas e profissionais estipulam condições de trabalho, aplicáveis, no âmbito das respectivas representações, às relações individuais de trabalho", enquanto que o *Acordo Coletivo de Trabalho* é qualificado como "a celebração por sindicatos representativos de categorias profissionais com uma ou mais empresas da correspondente categoria econômica, que estipulem condições de trabalho aplicáveis no âmbito da empresa ou das empresas acordantes às respectivas relações de trabalho".

A grande maioria de nossos juristas acredita na identidade jurídica entre contratos, convenções e acordos coletivos, uma vez que a todos é atribuída a imprescindibilidade da vontade das partes. Assim, todos têm a natureza de "contrato" de trabalho, sendo sua nomenclatura irrelevante para nosso direito. E, deste modo, a figura do *Contrato Coletivo de Trabalho*, segundo alguns destes juristas, já estaria sendo praticada, ainda que timidamente, nas relações trabalhistas em nosso país.

Entretanto, uma das diferenças apontadas entre contratos e convenções ou acordos coletivos tem sido a temporariedade destas últimas figuras, que, por imposição da CLT, devem durar um ano ou, no máximo, dois; além disso, cuidam basicamente da relação capital-trabalho, sem nada incorporar ao patrimônio jurídico do empregado[5].

Finalmente, difere o Contrato Coletivo de Trabalho do chamado *pacto social*, na medida em que o pacto se refere a um acordo mais para o campo social, sobre política socioeconômica, dotado de sanção política, mas não obrigando juridicamente as partes. Segundo *Magano* (1992), trata-se do "instrumento de modelação de política socioeconômica pelos parceiros sociais, contando estes ou não com a participação governamental"[6].

Para os brasileiros, entretanto, prevalece a ideia, a partir da observação de nossa realidade, de acordo com *Luca* (1987), de que os *pactos sociais* são os "acordos celebrados entre as centrais sindicais com representantes institucionais das categorias de um lado e, do outro lado, o governo, e que vão compor a política econômica nacional".

---

(5) FERRAIUOLO, Roberto. Liberdade para negociar é a condição. In: *Revista da Indústria*, n. 5, jan./mar. 93. p. 25.
(6) MAGANO, Octavio Bueno. Contratação coletiva. In: *Publicação Interna FIESP*, São Paulo, n. 483, 24 nov. 92. p. 13.

1.2. EVOLUÇÃO DAS RELAÇÕES DE TRABALHO NO BRASIL

Quando se pensa em relações trabalhistas de um modo mais amplo, e não apenas no Brasil, independentemente de associar a elas a ideia de sistema legalista ou contratualista, tem-se em mente, de imediato, a coexitência de três protagonistas: os empresários, o setor trabalhista/sindical e o Estado.

É evidente que num sistema legalista como o nosso, a supremacia do Estado é imediatamente notada e, em particular no Brasil, observa-se uma situação cultural indesejável para a possível adoção de um sistema mais democrático.

Isto porque o corporativismo que aqui se tem verificado se baseia em "fortalecimento do Estado para a superação da luta de classes e realização dos supremos interesses da nação, em clima de concórdia; aliciamento dos trabalhadores, por meio de abundante legislação; atrelamento das entidades sindicais à máquina estatal e consequente amortecimento de seus ímpetos reivindicatórios; desestímulo à contratação coletiva e instituição da Justiça do Trabalho com poder normativo, para preenchimento do vácuo"[7].

Esse rígido e burocratizado regime, no qual o Estado intervém por meio de densas regulamentações, fazendo com que nada lhe fuja ao controle, foi desenhado com o objetivo de inibir a mobilização dos trabalhadores a fim de permitir o desenvolvimento da nova política econômica estabelecida pelo governo. "Os sindicatos eram apenas considerados órgãos colaboradores do Estado e suas responsabilidades estavam cingidas à prestação de assistência médica e jurídica aos trabalhadores"[8].

Não é por outra razão que nossas origens culturais acabam sendo apontadas como as responsáveis pela falta de participação atual dos trabalhadores e da população, de um modo geral. "Sempre convivemos com o autoritarismo em nossa história. Os portugueses trouxeram primeiro o governo para depois trazer o povo e durante todo o período colonial fomos totalmente dominados pelo poder central de Portugal; passamos para a monarquia, que também centralizou poderes; atravessamos da mesma forma a República Velha e chegamos e aos vinte anos de ditadura militar. O autoritarismo, portanto, impregnou todos os valores de nossa cultura e nos dificultou a possibilidade de pensarmos em direitos e igualdades"[9].

Desse, e não de outro modo, infelizmente, é que, ao analisarmos o passado do movimento sindical no Brasil, perceberemos, até o final dos anos 70, um

---
(7) *Ibidem*, p. 5.
(8) MATTIOLI, Maria Cristina. Negociação coletiva no Brasil. In: *Revista Trabalho e Processo*, n. 3, São Paulo: Saraiva, dez. 94. p. 134.

período de estabilidade da estrutura militar, com o sindicalismo invariavelmente controlado por sucessivos governos militares e, o que é pior, com os salários e condições de trabalho literalmente "decretados" por órgãos governamentais.

Para alguns autores, o modelo sindical brasileiro foi copiado da *carta del lavoro* italiano de 1927 e tinha, como objetivo básico, reprimir uma possível organização dos trabalhadores, para o que tratou de, por meio dos dispositivos legais, afastar a possibilidade de existência de sindicatos autênticos (SIQUEIRA NETO, 1990). Entretanto, conforme afirma *Oliveira Vianna* (1944), a adoção desse modelo se deu muito mais em função de fatores sociais e suas repercussões nas ideias e na política brasileira, uma vez que inconteste o fato de que, entre os brasileiros, sempre se observou uma ausência de consciência coletiva. Essa característica teria levado o Estado ao encontro da necessidade de vigiar o modo como os sindicatos passaram a exercer os poderes de autoridade pública que lhe haviam sido outorgados por aquele, desde a Revolução de 1930, quando o pensamento revolucionário da época invocara aquelas associações de trabalhadores para junto do Estado, atribuindo aos seus atos efeitos jurídicos e políticos (VIANNA, b).

Assim, desde sua criação, os sindicatos sempre estiveram vinculados ao Estado, quer, em seu início, pela indicação dos dirigentes sindicais pelo próprio governo, os chamados sindicalistas "pelegos", quer pela ainda mantida necessidade de registro das entidades sindicais junto ao Ministério do Trabalho.

E a tutela do Estado não para por aí; estende-se, ainda, pela imposição da *unicidade sindical* e do recolhimento do imposto sindical, cobrado pelo próprio Estado e repassado apenas para os sindicatos oficialmente reconhecidos, além, é claro, da imposição da tutela da Justiça do Trabalho nos conflitos trabalhistas, quer sejam individuais, quer sejam coletivos.

Muito provavelmente, o que deu impulso à formulação e ao desenvolvimento de projetos autoritários de mudança no Brasil, culminando com a criação do Ministério do Trabalho, durante o Governo provisório de Getúlio Vargas, foram as relações de trabalho tumultuadas que se verificaram nos anos 20 em nosso país. Naquela época, a força de trabalho expulsa do campo, notadamente pelas crises na cafeicultura, aliada a uma orientação político-sindical majoritária, próxima ao anarco-sindicalismo impediu que houvesse um campo promissor para qualquer modelo de contratação coletiva de trabalho (ARAÚJO, 1981).

---

(9) STEPANENKO, Alexis. Palestra compilada. In: *Forum Nacional sobre Contrato Coletivo e Relações de Trabalho no Brasil*. Rio de Janeiro, mar. 94. p. 54.

E, a partir daí, o Ministério do Trabalho criou, em 1931, o Departamento Nacional de Trabalho. Pelo Decreto n. 19.770, de março do mesmo ano, elaborou a lei de sindicalização, fazendo emergirem as bases da estrutura sindical corporativa que ainda se veem nos dias de hoje, ressalvadas as alterações decorrentes da Constituição de 88, mas já com o monopólio da representação e com a hierarquia piramidal na forma de sindicatos, federações e confederações, exatamente nos moldes da legislação italiana de 1926, insituída, frise-se, no período de regime fascista vivenciado por aquele país. Ainda assim, há quem defenda que a inspiração teria sido a legislação francesa, principalmente quanto ao monopólio da representação sindical (MORAES FILHO, 1998).

Fato é, entretanto, que o controle da relação de trabalho, independentemente da fonte inspiradora do modelo, passou a ser exercido unicamente pelo Estado. E, se por um lado, seu poder parece ter sido exageradamente ampliado, por outro, é fato que somente a partir da década de 30, com a extensa regulamentação da relação capital-trabalho, a classe trabalhadora passou a ser incorporada no processo político de nosso país, ainda que totalmente controlada pelo Estado, o que foi denominada por *Santos* (1987) de "cidadania regulada", alegando que esta situação fez com que, ao contrário de outros países onde prevalecia o capitalismo, o Brasil visse verdadeiramente castrado o sistema de contratação coletiva de trabalho, tendo por base uma contratação restringida pelo Estado e uma estrutura sindical burocratizada.

Assim foi que a interferência do Estado se deu de modo dito *corporativista* desde o início, aliada ao modelo sindical por ele estabelecido e autorizado, que apresenta, como principal característica, a individualização do conflito entre o capital e o trabalho. "O Estado passou a criar leis protetivas ao trabalhador urbano e criou, para os prejudicados pelo seu não cumprimento, as juntas de conciliação e julgamento, órgãos de natureza administrativa, ini-cialmente. Esta estrutura estatal de solução do conflito converteu-se, no fim do Estado Novo de Vargas, na Justiça do Trabalho, tendo sido mantidos seus parâmetros até os dias atuais: procedimento judicial individual facultativo e procedimento judicial coletivo compulsório para o conflito coletivo insolúvel"[10].

O período que vai de 1964 a 1975 tem, como principais características, a forte repressão ao movimento sindical e a estrutura corporativista herdada do período anterior. Entretanto, duas importantes mudanças na legislação determinaram a evolução futura da relação entre capital e trabalho no país: "a substituição da estabilidade no emprego pelo FGTS e a introdução de uma nova lei de reajustes de salários centralmente determinada pelo governo

---

(10) CRIVELLI, Ericson. *Op. cit.*, p. 9.

(...)"[11]. Essas duas mudanças institucionais, aliadas ao crescimento do setor industrial em São Paulo foram determinantes da piora nas relações trabalhistas a partir de 1975, com maior pressão sobre os trabalhadores mais insatisfeitos em seus postos do trabalho.

Já mais recentemente, há conhecimento de outros movimentos como, em 1970, o do grupo de sindicalistas que formavam o INTERSINDICAL, que divulgou uma carta de princípios pleiteando, num plano mais amplo, a redemocratização do país, com eleições diretas para a presidência e, num plano sindical, a livre negociação entre empregados e empregadores, com a adoção do Contrato Coletivo de Trabalho, em detrimento dos contratos individuais.

Somente a partir de 1978 é que o movimento sindical passou a expressar uma forte oposição à intervenção do Estado no conflito capital/trabalho, fruto um grande número de manifestações, principalmente da região do ABC paulista, o que demonstrava sua preocupação com a criação de novas estruturas para a defesa dos direitos dos trabalhadores, menos dependentes do Estado.

E, a partir daí, coincidindo com as diversas manifestações já nos anos 80, portanto dez anos depois da INTERSINDICAL, o Sindicato dos Metalúrgicos ergueu uma bandeira pela "democratização da estrutura sindical", defendendo o fim da CLT e sua substituição pelos Contratos Coletivos de Trabalho, ideais estes que novamente vieram à tona, com a criação da Central Única dos Trabalhadores (CUT), em 1981.

Embora defendendo ainda os princípios de democracia e autonomia em toda a estrutura sindical, com a garantia de emprego e eleições diretas em todos os níveis de representação dos sindicatos, a CUT ficou marcada pelo chamado "Sindicalismo de contestação", ao que mais tarde viria a se opor, frontalmente, a Central Geral dos Trabalhadores (CGT), fundada em 1986, defensora do chamado "Sindicalismo de Resultados", colocando, em primeiro lugar, a negociação e, só depois, a greve.

Em 1991, outra central sindical é criada, a Força Sindical, com a pretensão de ser uma entidade latino-americana mais democrática, independente, apartidária e pluralista, defendendo a eliminação da interferência do Estado nas negociações coletivas entre os sindicatos e as empresas.

As centrais sindicais tiveram, desse modo, sua criação vinculada à tentativa de escape do rígido sistema que foi imposto à criação dos sindicatos e mantiveram-se, até os dias atuais, pelo forte papel protagônico que têm representado frente àqueles, seja cordenando-os, na esfera municipal, seja

---

(11) NOGUEIRA NETO, Domingos de Souza. O contrato coletivo de trabalho: possibilidades e utopias. In: *Revista Gênesis*, Curitiba: Furtado, Benedet e Luchtemberg, n. 7, jul./93. p. 366.

recebendo adesões de confederações nacionais ou mediante a interlocução com o Governo Federal e o Congresso Nacional, em assuntos de interesse dos trabalhadores[12].

Fato é que as centrais sindicais no Brasil encontram-se num âmbito paralelo à organização sindical. Para *Nascimento* (2001), as Centrais Sindicais são entidades acima das categorias profissionais e econômicas, agrupando organizações que se situam em nível de sindicatos, federações ou confederações. Assim, embora unifiquem, de certo modo, a atuação sindical, não teria poderes de representação, não podendo participar das negociações coletivas de trabalho, assunto que foi alvo de tratamento pela Lei n. 11.648, de 2008.

Mesmo no Brasil, com todo o atraso que temos vivenciado em relação a outros países industrializados, já se pregava a adoção do Contrato Coletivo muito antes daqueles dez anos de explosão sindical e muito antes mesmo da criação das centrais sindicais, acreditando-se, desde então, que se tratava do único mecanismo capaz de trazer um mínimo de participação aos trabalhadores e um impulso ainda maior à atuação sindical.

Aliás, a primeira manifestação que se tem conhecimento em nosso país, a favor do instrumento Contrato Coletivo de Trabalho ocorreu já em 1912, "no Congresso Operário Brasileiro, realizado no Rio de Janeiro, no qual, entre outras conclusões, estabeleceu-se como bandeira a substituição do contrato individual por um contrato coletivo de trabalho" (SILVA, 1981).

Conforme já mencionado, costuma-se apontar a legislação italiana ou, mais especificamente, a "Carta del Lavoro", como a que mais teria influenciado a legislação social do Brasil, pelo menos a CLT. Mas, no tocante ao Contrato Coletivo de Trabalho, "podemos dizer que foi a lei francesa a que mais impressionou o governo brasileiro, levando-o a baixar o Decreto n. 21.761 de ago. 32, instituindo a Convenção Coletiva de Trabalho no Brasil" (RIBEIRO, 1967), utilizando a mesma expressão que fora estabelecida pelo Direito Francês: "Convention Collective du travail" e que lá perdura até os dias atuais (embora com o sentido de contrato coletivo).

Com a Constituição de 1937, em seu art. 138, oficializou-se a denominação "Contrato Coletivo de Trabalho" e foram-lhe fixados os requisitos mínimos e as condições de sua existência, tornando-se sua negociação privilégio exclusivo dos sindicatos, com aplicação de suas cláusulas aos associados e com a possibilidade de extensão a toda a categoria abrangida pelo sindicato.

Já o texto da Constituição de 1946 apenas manteve o reconhecimento dos contratos coletivos, voltando, contudo, a referir-se às "Convenções Coletivas", deixando de lado a denominação "contrato", mantendo, unicamente,

---

(12) TEIXEIRA FILHO, João de Lima. Intervenção legislativa em negociação coletiva: necessidades de compatibilização. In: *Revista Trabalho e Processo*, São Paulo: Saraiva, n. 3. dez. 94.p. 91.

os poderes dos órgãos de representação profissional e econômica dos trabalhadores (os sindicatos) para sua celebração e prevendo que, somente diante de sua inexistência, a federação e a confederação, sucessivamente, poderiam fazê-lo.

Assim foi que a legislação ordinária de 1943 (CLT) inicialmente previu a expressão "Contrato Coletivo de Trabalho", sendo levada, entretanto, após 1946 (e todas as constituições que lhe sucederam), a alterar, no ano de 1967, seu capítulo sobre Negociação de Contrato Coletivo.

Àquela época, com a revisão do título VI da CLT, pelo Decreto n. 229/67, o termo Contrato Coletivo cedeu definitivamente lugar à Convenção Coletiva e ao Acordo Coletivo de Trabalho, este último celebrado ao nível de empresas.

Percebe-se, assim, que o mesmo legislador que amordaçou os sindicatos cuidou de impor-lhes a obrigatoriedade da negociação coletiva e, dada a estrutura em que se desenvolveram nossas relações de trabalho, na qual "ao mesmo tempo em que a fábrica se tornava o domínio exclusivo dos empresários, os sindicatos se formaram e cresceram a partir das cúpulas, sem muita vinculação com a base trabalhadora"[13], não havia qualquer ênfase à negociação coletiva.

O que foi previsto em lei, deste modo, passou a ser, entretanto, observado em nossas relações de trabalho sem qualquer expressão ou importância, já que foi garantido ao trabalhador, pela mesma lei, a possibilidade de recorrer ao Estado no caso de não se chegar ao fim de uma negociação.

Como se vê, desde então, passou a existir uma dependência do poder normativo de nossa Justiça do Trabalho mesmo que se observe, como previu a lei, "antes da instauração de um dissídio, a obrigatoriedade de negociar", o que foi e é confirmado, ainda nos dias de hoje, por nossa jurisprudência, a fim de que o art. 114 da Constituição, que fixa a necessidade de negociação coletiva até a exaustão antes do ajuizamento de dissídios coletivos, fosse invariavelmente cumprido.

E, ainda, um problema mais sério decorre da própria rígida e inflexível lei: "Dada a natureza tutelar do ordenamento legal trabalhista, poucas são as possibilidades das partes pactuarem livremente em um contrato: a grande maioria dos denominados direitos materiais são indisponíveis"[14].

A Constituição Brasileira de 1988, ao mesmo tempo em que reclamou generosamente os direitos do trabalho em seu art. 7º, procurou valorizar a negociação coletiva, enfatizando que lei e negociação devem assumir um papel de complementaridade recíproca. Verifica-se, entretanto, no caso do Brasil, uma

---

(13) NOGUEIRA NETO, Domingos de Souza. O contrato coletivo de trabalho: possibilidades e utopias. In: *Revista Gênesis*, Curitiba: Furtado, Benedet e Luchtemberg, n. 7, jul. 93. p. 366.
(14) CRIVELLI, Ericson. *Op. cit.*, p. 48.

ampla resistência dos sindicatos em negociar soluções para conflitos, o que mantém a relação de emprego submetida a rígido protecionismo estatal (ROBORTELLA, 2005). Além de reconhecer formalmente os instrumentos de negociação coletiva, aquele ordenamento jurídico permitiu que as partes negociassem coletivamente temas como redução salarial, duração da jornada de trabalho e turnos de trabalho, dentre outros. Entretanto, há que se observar que a lei não pode dispor de forma menos benéfica do que a norma constitucional, do mesmo modo que a sentença normativa e a convenção coletiva não podem dispor de forma menos favorável do que dispõe a lei, o regulamento da empresa não pode dispor de forma menos benéfica do que estabelece o acordo coletivo de trabalho e, por fim, o contrato individual de trabalho não pode ser menos favorável do que o mínimo previsto pela norma coletiva (MANUS, 2001).

Em nosso país, a negociação (imposta) e, não por poucas vezes, seguida da instauração do dissídio, leva, conforme mencionado anteriormente às figuras da convenção coletiva e mais adiante à do acordo coletivo, que é preponderantemente estabelecida por ramo profissional e centralizada.

O fato é que não existe um modelo hoje no Brasil estabelecido para a negociação coletiva; há categorias que negociam em nível nacional (como bancários e petroleiros) e outras em nível estadual (metalúrgicos), "porém milhares de sindicatos negociam isoladamente com suas contra-partes patronais e podem negociar por uma determinada empresa já que negociam com a categoria, ainda que lá não haja nenhum trabalhador sindicalizado" (FERREIRA, 1993).

Outro requisito fundamental para que possa vingar a negociação coletiva que resulte, um dia, no instituto do Contrato Coletivo de Trabalho é a existência de representação dos empregados no interior das empresas, os chamados Comitês de Empresa, Comissões de Empregados ou Comissões de Fábricas, que somente tiveram início, no Brasil (e, ainda assim, de forma bastante tímida), nos anos 70, com o intuito de resolver problemas inerentes ao interior das fábricas, como chefias arbitrárias, condições de higiene no trabalho, equiparação salarial, critérios de promoções, segurança no trabalho, entre outros.

Com o tempo, aquelas comissões passaram a discutir sobre problemas que extrapolavam a esfera empresarial, pendendo mais para um lado social, entrando, por exemplo, na discussão do mérito sobre concessão de bolsa de estudos para filhos de empregados e programas de empréstimos, o que passou a diferenciar as comissões dos sindicatos e afastá-las de seu papel inicial, que era o de negociar condições de trabalho com seus empregadores (RIBEIRO, 1967).

No caso das convenções brasileiras, uma das condições necessárias para que lhes seja atribuída validade é a necessidade de autorização expressa para que os sindicatos e federações possam celebrá-la; tal autorização deverá ser prevista por disposição estatutária ou por deliberação de assembleia geral especialmente convocada para tal fim. Salvo deliberação em contrário, são celebradas por um período de um ano, havendo novas negociações em cada data-base das categorias.

A natureza jurídica de nossa convenção coletiva e de nosso acordo coletivo pode ser comparada com o contrato coletivo de trabalho italiano. Entretanto, no caso brasileiro, em relação aos sujeitos contratuais, "a legitimação para celebrar contrato coletivo decorre imperativamente da lei, não havendo capacidade ou incapaciadade voluntária; só os grupos definidos na lei e nas condições nela referidas podem negociar contratos coletivos (LUCA, 1987).

Embora a grande maioria dos dispositivos legais estabelecendo regras sobre o direito coletivo de trabalho seja, hoje, prevista pela legislação ordinária, pode-se dizer que as relações de trabalho são reguladas em nosso país também por leis esparsas, acordos coletivos de trabalho, convenções coletivas de trabalho, sentenças normativas, convenções da OIT ratificadas pelo Brasil[15] e pela própria Constituição Federal de outubro/88 "celetizada"[16], ao abordar assuntos trabalhistas de forma extremamente detalhada.

De acordo com o previsto pelos arts. 613 e 621 da CLT, as convenções e acordos devem conter, obrigatoriamente: designação dos sindicatos convenentes ou dos sindicatos e empresas acordantes; prazo de vigência, categoria ou classes de trabalhadores abrangidos pelos respectivos dispositivos; condições ajustadas para reger as relações individuais de trabalho durante sua vigência, normas para a conciliação das divergências surgidas entre os convenentes por motivos de aplicação de seus dispositivos, disposições sobre processo de prorrogação e de revisão total ou parcial de seus dispositivos, direitos e deveres dos empregados e empresas, penalidades para sindicatos convenentes em caso de violação de seus dispositivos e, ainda, facultativamente, disposições sobre constituição e funcionamento de comissões mistas de consultas e colaboração e disposições sobre participação nos lucros da empresa.

Nossa legislação ordinária prevê, ainda, as figuras decorrentes da vigência de um contrato, entre elas, prorrogação, denúncia, revogação e sucessão, todas figuras previstas também no direito comparado, nos países que adotam a contratação coletiva e que representam a flexibilidade necessária que deve ser imposta àquele sistema de relações trabalhistas.

---

(15) PICARDI, José de Freitas. *Livre negociação e contrato coletivo de trabalho*. Parecer solicitado à ABRH pelo então Ministro Walter Barelli, dez. 92. p. 5.
(16) REIS, Murilo Gouvêa dos. Contrato coletivo de trabalho. In: *Revista Gênesis,* Curitiba: Furtado, Benedet e Luchtemberg, v. 3, mar. 94. p. 246.

O dissídio coletivo tem por fundamento assegurar a data-base de negociação[17] e impedir que um conflito perdure no tempo e no espaço, sem solução. Pode ser de natureza jurídica, quando objetiva a aplicação ou a interpretação de norma jurídica legal ou convencional, ou de natureza econômica, quando visa alterar normas legais ou contratuais, por intermédio da obtenção de novas condições de trabalho[18].

O dissídio é, deste modo, apenas um dos mecanismos de solução de conflitos adotados por nosso país e adotado, exclusivamente, para litígios coletivos. Os trabalhadores podem valer-se das seguintes instâncias para fazerem valer seus direitos (e até seus interesses):

— Delegacias Regionais do Trabalho (mediação, exclusivamente, de conflitos coletivos);

— Varas do Trabalho (mediação e/ou julgamento);

— Tribunal Regional do Trabalho (TRT) (mediação e/ou julgamento);

— Tribunal Superior do Trabalho (TST) (mediação e/ou julgamento);

— Supremo Tribunal Federal (STF) (somente questões referentes à Constituição).[19]

Quanto à necessidade de previsão da representação dos trabalhadores na empresa, esta somente veio a ocorrer oficialmente em nosso país através do art. 11 da Constituição Federal de out. 88: "Nas empresas de mais de 200 empregados, é assegurada a eleição de um representante destes com a finalidade exclusiva de promover-lhes o entendimento direto com os empregadores"; entretanto, não chegou sequer a ser regulamentada, o que significa que não tem qualquer eficácia, ainda.

Apesar disso, em algumas empresas que se anteciparam às previsões legais, já existem comissões de fábrica, que não chegam, entretanto, a totalizar 100 delas em todo o país e que têm uma função bastante reduzida no interior das empresas.

Assim, como se depreende do brevíssimo repasse de nossas relações de trabalho, apesar da extensa regulamentação que se verificou acerca da convenção coletiva de trabalho, segundo Ribeiro (1967), "não tivemos os frutos que esperávamos do contrato coletivo" em virtude de:

---

(17) Também por meio do chamado "potesto judicial", é possível assegurar a preservação da data-base para cada categoria profissional. Isto porque, diante da impossibilidade do encerramento da negociação coletiva, iniciada antes do término do prazo estabelecido no art. 616, § 3º da CLT, ou seja, dentro dos 60 dias finais da vigência de acordo ou convenção coletiva ou sentença normativa, poderá a entidade sindical interessada ajuizar referido procedimento judicial, dirigido ao Presidente do Tribunal.
(18) CAIEIRO, Rubens. Contrato coletivo. In: *Boletim FCESP* — Federação do Comércio do Estado de São Paulo, 17.2.95. p. 5.
(19) TEIXEIRA, José Emídio. Contrato coletivo de trabalho: oportunidades, riscos e desafios. In: *Boletim interno Rhodia*, fev. 93. p. 5.

a) causas atribuíveis à legislação e aos poderes públicos—legislação social excessivamente protetora e a Justiça do Trabalho com competência exclusiva para julgar todos os dissídios e conflitos do trabalho;

b) causas atribuíveis aos empregadores — atitude paternalista dos empregadore, desconhecimento do instituto da contratação e das vantagens;

c) causas atribuíveis à situação das organizações sindicais — falta de dinamização dos sindicatos, acomodados pelo recebimento do imposto sindical;

d) causas atribuíveis à situação dos grupos operários — falta de participação e desconhecimento da contratação coletiva.

A Constituição de 1988 trouxe, finalmente, duas novidades: a extinção do modelo de sindicalismo de Estado (com eleições e escolha de sua diretoria controladas pelo Estado) e uma maior amplitude do direito de greve. Manteve, entretanto, em seu art. 8º a necessidade de reconhecimento do sindicato pelo Estado, a unicidade sindical, as contribuições sindicais obrigatórias, a divisão do movimento sindical por categorias e seu retalhamento por municípios e, o mais grave, manteve a tutela da Justiça do Trabalho sobre o movimento sindical, o que se traduz na mais completa falta de autonomia para que os sindicatos possam efetivamente representar os trabalhadores.

Como se pode, então, perceber, mesmo com a atual Constituição, fica difícil falar em contratação coletiva no Brasil, já que foi abolido de nosso país um sistema de representação profissional autêntico e que seria imprescindível para a ênfase num modelo negocial de relações trabalhistas.

1.3. Mudanças nas relações coletivas de trabalho no Brasil nos últimos dez anos

Embora sem a inclusão da figura do contrato coletivo do modo como se observa em outros países, pode-se afirmar que houve, sim nos últimos anos, importantes alterações no campo do Direito Coletivo no Brasil, em especial quanto às negociações e quanto ao papel do Poder Judiciário nas relações coletivas de trabalho.[20]

Com a publicação da Emenda Constitucional n. 45/04, que alterou a competência da Justiça do Trabalho, limitou-se o poder normativo do Judiciário Brasileiro, levando as partes, empregador e empregados, a buscar um concenso antes da instauração de possível dissídio, que deve prevalecer tanto para os

---

(20) Embora ausente entre os brasileiros a figura do Contrato Coletivo de Trabalho, há leis que o mencionam: Lei n. 8.542/92 (§ 1º do art. 1º); Lei n. 8.630/93 (parágrafo único dos arts. 18 e 49).

dissídios coletivos de natureza econômica, quanto para aqueles de natureza jurídica declaratória (estes previstos pelo § 3º do art. 114 da Constituição Federal).

Uma vez diagnosticado o conflito e frustrada a negociação coletiva, a CF/88 previa, junto ao § 1º do art. 114, que, havendo recusa por qualquer das partes à negociação coletiva ou à arbitragem, seria "facultado aos respectivos sindicatos ajuizar dissídio coletivo". Entretanto, a partir da EC n. 45/04, a redação dada àquele dispositivo legal foi significativamente alterada: "recusando-se qualquer das partes à negociação coletiva ou à arbitragem, é facultado às mesmas, de comum acordo, ajuizar dissídio coletivo de natureza econômica, podendo a Justiça do Trabalho decidir o conflito, respeitadas as disposições mínimas legais de proteção ao trabalho, bem como as convencionadas anteriormente".

Pelo novo texto, depreende-se que, além do requisito objetivo, que diz respeito à frustração das negociações, preocupou-se o legislador, no caso de dissídios de natureza econômica, que o Poder Judiciário somente seja invocado mediante comum acordo. Salvo em casos de dissídio coletivo de natureza jurídica para defesa do interesse público em serviços essenciais, em todos os demais processos de dissídio coletivo, de natureza econômica ou de natureza jurídica, pouco importa, estas são as novas regras (RAMOS FILHO, 2007).

Pela EC n. 45/04, o legislador inovar quanto à necessidade de estabelecimento de um consenso entre as partes na procura pelo Poder Normativo da Justiça do Trabalho e tratou de eliminar a mais remota possibilidade de que possa o empregador ajuizar dissídio coletivo de forma unilateral, visando, por exemplo, a declaração de abusividade de uma greve. Somente poderá fazê-lo, sem a necessidade de observar o "comum acordo", frise-se, pela atuação do Ministério Público do Trabalho, quando duas condições estejam simultaneamente presentes na situação de conflito: a atividade de trabalho for essencial, nos termos da lei, e quando houver possibilidade de lesão ao interesse público.

Esta limitação, por si só, já traz alguns benefícios aos empregados, levando-se em consideração que os empregadores passam a ter o caminho mais longo se desejarem, realmente, socorrer-se do judiciário. Se, para alguns juristas, esta situação implica pensar numa série de inconveniências e riscos tais como a diminuição de direitos sociais e o possível aumento de dissídios individuais que prejudicariam os empregados, principalmente aqueles de categorias inexpressivas, para outros tantos, ao restringir o poder normativo dos Tribunais, o legislador teria eliminado o poder inibidor sobre as negociações coletivas, deixando para as partes a possibilidade de autocomposição de seus direitos.[21]

---

(21) ROCHA, Marcelo Oliveira. Convenções e acordos coletivos de trabalho. In: *Revista Jusi Vilgilantibus*. Disponível em: <www.jusvi.com/artigos/21099> Acesso em: 8.5.2006.

E a restrição ao poder judiciário, com a vigência da EC n. 45/04, a partir de jan./2005, foi além: a Justiça do Trabalho não pode mais fixar "normas e condições respeitadas as disposições convencionais e legais mínimas de proteção ao trabalho", conforme previa o parágrafo segundo do art. 114 da CF, restando-lhe poder apenas para "decidir o conflito". Isso significa que a criação de normas e condições passa a ser da alçada das partes envolvidas, empregador e empregados, o que parece bastante razoável no sentido de fomentar o diálogo entre as partes envolvidas.

De acordo com *Fava* (2005), esta modificação no texto da nova lei retira o Estado do papel de "meio obrigatório de solução dos conflitos coletivos", situação que perdurou por décadas, ratificada, inclusive, pela Carta Magna de 1988. Além disso, nos julgamentos de dissídios, era comum a retirada de direitos previstos em normas coletivas anteriores, o que, de certo modo, privilegiava os argumentos dos empregadores até a sentença do Judiciário, situação que não mais poderá ocorrer no caso de opção pela arbitragem pública.

Também o julgamento das greves foi modificado pelo legislador, a partir de 2005, que retirou da Justiça Comum Estadual qualquer possibilidade de julgar pedidos de interditos proibitórios, com a concessão de tutela antecipada para que os sindicatos fossem obrigados a afastar-se das imediações das empresas, o que, de acordo com *Ramos Filho* (2007), inviabilizava o exercício constitucional do direito de greve.

Com a nova legislação, mesmo para o caso de greves, buscou-se o exercício do Poder Normativo tão somente pelas partes em conflito, que poderão, inclusive, delegar tal poder a árbitros, públicos ou privados, excetuado o caso de atividades essenciais, quando houver prejuízo ao interesse público, previsto pelo § 3º do art. 114 da Constituição Federal.

Especificamente quanto à arbitragem, entretanto, pode-se afirmar que sua possibilidade, na esfera trabalhista, não se trata de novidade, uma vez que já prevista desde a Carta Magna do Império (1824) e reiterada pelo próprio parágrafo segundo do art. 114 da Constituição Federal já a previa como forma de solução de conflitos coletivos. Também a Lei n. 9.307, de 1996, definia o termo "compromisso arbitral" para referir-se à submissão de um litígio à arbitragem, fosse pública ou privada, ainda que, em seu artigo primeiro, houvesse restrição para sua aplicação apenas a impasses referentes a direitos patrimoniais disponíveis, gerando confronto com a indisponibilidade de direitos trabalhistas provenientes de normas de ordem pública. Fato é que o texto da própria lei acabou por afastar da esfera trabalhista a possibilidade de arbitragem, questão superada com a vigência da EC n. 45, a partir de 2005.

De acordo com *Moro* (2002), embora sejam apontadas inúmeras vantagens à arbitragem, dentre elas rapidez, flexibilidade, economia (principalmente com custas e honorários advocatícios), sigilo e informalidade, não há como deixar de enfatizar o lado negativo implícito em algumas dessas próprias vantagens. O sigilo numa arbitragem, por exemplo, poderia ser considerado como supressão da garantia constitucional da transparência nos processos, que busca sejam evitadas arbitrariedades e vícios no processo de composição de um conflito. Igual questionamento caberia à vantagem econômica alardeada por seus defensores, na medida em que o acesso à Justiça é gratuito e até mesmo livre da necessidade de contratação de um advogado, nos termos do que proposto pelo Enunciado n. 329 do TST, que trata da questão do *jus postulandi*, enquanto que a contratação de árbitro implica, necessariamente, no desembolso de honorários para aquele.

Ainda assim, uma das maiores inovações na Lei de Arbitragem, prevista em seus arts. 17 e 18, foi a equiparação do árbitro ao juiz estatal, o que leva à impossibilidade de que as partes recorram ao Judiciário após a sentença arbitral proferida para determinado conflito, que se torna, automaticamente, título executivo judicial. Este fato, visto de forma isolada, por si só, já representa um avanço para o campo das negociações, particularmente no quesito tempo, já que, na esfera trabalhista, a resolução de conflitos não leva menos do que 7 a 8 anos, caso sujeita à apreciação de primeira s segunda instâncias (FERREIRA NETO, 2002).

Portanto, o Poder Normativo da Justiça do Trabalho, no modelo como foi proposto, somente perpetua nos casos em que o Ministério Público do Trabalho indique, simultaneamente a ocorrência de greve em serviços essenciais e a existência de prejuízo ao interesse público. E, mesmo assim, nestes casos, em ação de dissídio coletivo promovida pelo MPT, os Tribunais do Trabalho poderão excepcionalmente estabelecer normas e condições que reconduzam as partes à "pacificação social", respeitados os direitos e as garantias que já tenham figurado em normas coletivas anteriores (RAMOS FILHO, 2007).

Nota-se que a reforma no Judiciário Trabalhista, foi pautada pela preocupação do legislador em amadurecer as partes litigantes, ao passar para sua responsabilidade a possibilidade de pôr fim aos conflitos, retirando dos Tribunais do Trabalho o poder normativo que sempre lhes coube e que, de certo modo, os fazia atuar como um pai diante de uma disputa entre os filhos, sem permitir aos mesmos que procurassem resolver qualquer problema entre si, antes de se socorrerem da ajuda paterna.

O legislador também ampliou poderes da justiça do trabalho para que passe a julgar conflitos decorrentes da relação de trabalho e não apenas da relação de emprego. A relação de trabalho é expressão bem mais ampla na medida em que abrange todas as relações jurídicas em que há a prestação de trabalho por pessoa natural a outra pessoa ou outros contratos de prestação de serviços como transporte, empreitada etc. (MALLET, 2005)

Entretanto, na esfera sindical, pouco se observou com relação à mudanças que instiguem maior participação dos empregados. Assim, embora amplamente criticado ao longo de décadas, permanece inalterado o princípio da unicidade sindical, ou seja, a presença de um sindicato único para cada categoria profissional, sob a questionável justificativa de que tal situação fortalece o agrupamento de empregados numa negociação (SÜSSEKIND, 2003).

De um modo geral, no tocante à tentativa de flexibilizar a CLT nos últimos anos, pode-se dizer que o legislador vem mirando esta direção, ainda que a passos curtos. Assim foi que, buscando atender às necessidades dos empregados, sem deixar de considerar as possibilidades dos empregadores, foram sancionadas, por exemplo, a Lei n. 9.601/98, que trata do contrato por prazo determinado, a Lei n. 9.608/98, que trata do trabalho voluntário, a Lei n. 9.841/99, que trata do regime previdenciário e trabalhista das microempresas, a Lei n. 9.958/00, que trata das Comissões de Conciliação Prévia, e a Lei n. 10.101/00, que trata da participação nos lucros e resultados da empresa e regula o trabalho em domingos para o comércio varejista, dentre outras.

Ainda no governo Fernando Henrique Cardoso, houve uma tentativa de aprovar o Projeto n. 5.483/01, por meio do qual se pretendia flexibilizar o art. 618 da CLT, cujo foco principal era a prevalência do negociado em relação ao legislado. Entretanto, à época, o próprio TST tratou de refrear aquela intenção, mesmo com seu discurso voltado para o fortalecimento da negociação coletiva. Isto sob a justificativa de que a Justiça do Trabalho não pode exacerbar o intervencionismo estatal na relação de emprego (FIGUEIROA JUNIOR, 1999).

Nesse esteio, parece que a sociedade caminha para o correto entendimento de que, num processo de negociação, as partes envolvidas devem fazer concessões recíprocas, situação que se torna bastante prejudicada quando o Estado prevê que Convenções e Acordos Coletivos não podem reduzir direitos, somente acrescentá-los.

1.4. O MERCADO DE TRABALHO NO BRASIL E A PROTEÇÃO OFERECIDA PELA LEGISLAÇÃO TRABALHISTA

Seria absolutamente superficial pensar na questão das negociações coletivas de trabalho, do papel dos sindicatos nestas negociações, sem abordar questões relativas ao mercado de trabalho, especificamente nos dias atuais em nosso país.

Isso porque, em que pese a preocupação do governo e até mesmo dos sindicatos em garantir melhores condições de trabalho para os empregados, fato é que a população brasileira vem, assim como a maior parte dos países desenvolvidos, amargando taxas de desemprego consideráveis. Isso significa que, apesar da extensa legislação e um sem número de acordos e convenções coletivas, mais de 50% da população economicamente ativa na última década (Quadro 1) encontrava-se alocada em trabalhos informais, o que significa a ausência completa de legislação e a falta de acesso aos benefícios previdenciários, por exemplo, o que é bastante preocupante.

Quadro 1: Desemprego X Informalidade para os Brasileiros

Anos	Desemprego	CTPS Assinada
1989	3,4%	58,2%
1990	4,3%	56,9%
1993	5,3%	50,5%
1995	4,6%	48,4%
1998	7,6%	45,8%
1999	7,7%	44,5%

Fonte: IBGE. Disponível em: <http://www.ibge.gov.br/home/estatistica/populacao/mapa_ mercado_trabalho/default.shtm> Acesso em: 17.4.2007.

Falar sobre mercado de trabalho implica, ainda, pensar sobre as pessoas que se pretende façam parte desse cenário de negociações. Se por um lado, é maciça a defesa em prol de melhores relações trabalhistas, com maior participação dos principais beneficiados, ou seja, dos próprios trabalhadores, por outro lado, a análise do perfil do profissional, em questão, em sua maioria com baixa qualificação profissional remete, de imediato, à frustração dessa expectativa. Em outras palavras, é natural que se espere o maior envolvimento dos trabalhadores brasileiros nas negociações em seu proveito, mas, sem a devida qualificação que o mercado requer, a preocupação parece muito mais ajustada a exclusivamente manter seu emprego ou trabalho (ainda que com certa dose de frustração) em detrimento do empenho e participação em negociações para melhoria de condições de trabalho e de salário.

Além disso, é fato que, diante da possibilidade cada vez mais remota de empregar-se um trabalhador sem escolaridade mínima ou qualificação profissional desejada pelas empresas, fica patente a realidade próxima de que estarão excluídos de qualquer proteção trabalhista aqueles cidadãos de menor renda e, portanto, distantes dos bancos escolares, como se verá adiante. Portanto, faz sentido e deve ser repensado o papel do governo diante do questionamento que se fez no início do parágrafo anterior, ou seja, quem serão os cidadãos amparados pela legislação do trabalho? Quantos dos empregados formais realmente representarão a população de mais baixa renda? Quantos deverão realmente serem considerados "hipossuficientes", no tratamento que atualmente é dispensado pela Justiça do Trabalho?

E, neste esteio, há que se falar na ausência de boas políticas de educação em nosso país o que, aliado a uma legislação trabalhista impositiva e ultrapassada, deixam margem para a dificuldade de inserção sobretudo dos jovens de mais baixo nível social no mercado de trabalho brasileiro. Aliás, esta faixa etária tem sido até mesmo ultrajada na busca por colocações profissionais, como se verá adiante, no Quadro 2.

Quadro 2: Empregados de Baixa Renda, de Acordo com a Faixa Etária

Idade	1991	2001
15-24 anos	17,9%	9%
25-49 anos	60,6%	58,9%
50 anos ou +	21,5%	32,1%

Fonte: IBGE. Disponível em: <http://www.ibge.gov.br/home/estatistica/populacao/mapa_ mercado_ trabalho/default.shtm> Acesso em: 17.4.2007.

O que se percebe, diante da análise do quadro acima, é o fato de que, nos últimos 10 anos, dentre os empregados de baixa renda (consequentemente, aqueles com menor acesso à educação e à profissionalização), houve uma considerável queda no nível de emprego para a faixa etária compreendida entre 15 e 24 anos, contra um aumento do número de empregados de faixas etárias mais elevadas.

E não poderia ser diferente: na faixa etária entre 15 e 17 anos, 23% abandonaram os estudos para gerar renda para a família e outros 10,9% por dificuldade de acesso aos colégios. Há 10,7 milhões de adolescentes nessa faixa etária no Brasil. Desse total, 18% estão fora da escola, o que é um dado bastante preocupante quando se tem em vista que, ao passar do Ensino Médio para o Ensino Superior, a taxa de empregabilidade[22] de qualquer jovem passa de 68% para 78%[23].

E a situação já foi bem pior no passado de nosso país. Somente a partir da década de 60 é que as matrículas passaram a crescer num ritmo muito maior do que o crescimento da população em idade escolar. A proporção chegou a 58% em 1978 e a 86% em 1998. A massificação do ensino fica mais evidente quando se observa a taxa de escolarização da população de 7 a 14 anos (idade indicada para o Ensino Fundamental) em 2000, que chegou a 94,5%[24].

---

(22) A palavra "empregabilidade" teve origem nos Estados Unidos (*employability*), como referência ao conjunto de conhecimentos, habilidades e atitudes (portanto, um conjunto de competências) que torna o profissional importante não apenas para sua organização, mas para toda e qualquer empresa que venha a necessitar de seu trabalho (In: MINARELLI, J. Eletronic Publishing at *Seis Pilares da Empregabilidade*. Disponível em: <http://pt.wikipedia.org/wiki/Empregabilidade> Acesso em: 20.4.07).
(23) MENEZES, M. Educação no Brasil. *O Globo*, Rio de Janeiro, 3. abr. 2006, Caderno de Educação, p. 8.
(24) GOIS, A. Ensino se massifica no século XX, mas perde qualidade. *Folha de S. Paulo*, Caderno de Educação, 30.9. 2003. Disponível em: <http://www1.folha.uol.com.br/folha/educacao/ult305u13812.shtml> Acesso em: 10.3.07.

Aliás, o déficit encontrado nessa faixa etária é facilmente percebido pelos tipos de ocupações ofertados pelo mercado de trabalho: o Brasil gerou, em 2005, 17,5 milhões de novas vagas, mas apenas 1,8 milhão foram preenchidas por pessoas entre 15 e 24 anos de idade[25], o que significa que esse mercado está se transformando num segmento saturado, fruto da competição entre indivíduos, especialmente aqueles de baixa renda e sem condições de aumentar sua escolaridade e qualificação profissional.

Entretanto, a análise mais irônica de todas parece repousar no fato de que é justamente essa faixa etária que encontra a maior facilidade de adaptação ao trabalho: de acordo com estudos realizados no país, entre os indivíduos de 25 a 30 anos de idade, apenas 14,42% apresentam dificuldades na adequação a novos equipamentos no trabalho. Para aqueles com faixa etária entre 20 e 25 anos, nota-se menor dificuldade ainda. Mas, os estudos ganham maior clareza quando apontam que aquela dificuldade pode aumentar consideravelmente (no caso, elevando-se para 23,95%) para as populações de mesma faixa etária, quando oriundas de menor nível social e, portanto, com menor acesso à escola[26].

É fato que a melhoria nesses indicadores mais básicos da educação resultou também na redução da taxa de analfabetismo. O país iniciou o século passado com 65,1% de sua população com mais de 15 anos de idade sem saber ler e escrever e terminou com 13,6%, em 2000[27]. Em 1997, cerca de 29% das pessoas era analfabeta ou tinha concluído algum dos três primeiros anos do Ensino Fundamental (antigo primário). Enquanto isto, 32% tinham entre 4 e 7 anos de estudo no Ensino Fundamental (antigo secundário) ao passo que 29% tinha concluído o Ensino Fundamental e obtido, no máximo, o diploma do Ensino Médio (antigo 2º Grau). E somente 10% das pessoas tinham frequentado o ensino superior, o que nos conduz ao déficit educacional que vigorava e ainda ocorre em nosso país (BEHRMAN *et al.*, 1999).

Além da faixa etária, o diferencial de gênero que capacita as mulheres a disputarem espaço no mercado de trabalho com mais sucesso do que os homens é seu nível médio de escolaridade mais alto (37%) e seu patamar de remuneração (25%) mais baixo, o que favorece sua contratação.

Assim, parece acalentadora a estatística relacionada ao tempo de permanência dos alunos nas escolas, o que nos remeteria rapidamente à inferência sobre aproveitamento dessas pessoas num mercado de trabalho globalizado,

---

(25) POCHMANN, M. Geração na estaca zero. *O Estado de S. Paulo*, São Paulo, 18 mar. 2007, Aliás, p. j6.
(26) NERI, M. O peixe, a vara e a rede de computadores. *Conjuntura econômica*. São Paulo, fev. 2006. p. 41-43.
(27) GOIS, A. Ensino se massifica no século XX, mas perde qualidade. *Folha de S. Paulo*, Caderno de Educação, 30.9.2003. Disponível em: <http://www1.folha.uol.com.br/folha/educacao/ult305u13812.shtml> Acesso em: 10.3.07.

mas, frise-se, sem a interferência avassaladora que nosso Estado vem procurando manter sobre as relações de trabalho.

Ocorre que, embora animadora a redução do analfabetismo em nosso país, a ínfima permanência dos alunos em sala de aula, um dos maiores desafios do país na área de educação, tem sido um entrave no desenvolvimento dos cidadãos e, consequentemente, no aumento de suas chances no mercado de trabalho, já tão restritivo diante do excesso de leis que assombram os empregadores. Em média, os estudantes brasileiros de 0 a 17 anos ficam somente 3,9 horas por dia na escola, menos do que as quatro horas mínimas recomendadas pela Lei de Diretrizes e Bases da Educação (LDB)[28]. Essa preocupação passa a ter ainda mais legitimidade quando as estatísticas apontam para o nível de comparação entre a ocupação e condições de trabalho entre extremos, analfabetos e pós-graduados: enquanto 60,6% dos analfabetos estavam ocupados em 2005, ocupando postos informais de trabalho, 81,48% dos pós-graduados tinham emprego formal, com registro em carteira de trabalho. Ainda, a educação, de acordo com o mesmo estudo, possibilita mais ganhos no padrão de rendimentos das pessoas. Exemplo disso é a constatação de que o salário dos pós-graduados é 540% superior ao dos analfabetos!

E esse raciocínio é de tal modo inconteste, que se verifica, num outro extremo, uma parcela da população jovem (aqueles com maior acesso à educação formal) buscando colocação profissional no mercado externo, deixando de limitar-se até mesmo pelas fronteiras culturais para encontrar uma vaga ou uma oportunidade de trabalho mais atraente. E não poderia ser diferente: discute-se muito, no Brasil, a questão da causalidade entre educação e renda, sendo que a maioria dos economistas sugere que a associação entre estas duas variáveis ocorre porque uma alta renda familiar determina um alto nível educacional. Fato é que as pessoas mais educadas, com melhor formação profis-sional, têm melhores perspectivas no mercado de trabalho[29]. Portanto, a julgar pela possibilidade de colocação no mercado externo, as pessoas com excelente qualificação profissional estariam dispostas a deixar o país e, mais uma vez, seríamos obrigados a questionar quem, então, seria protegido pela legislação trabalhista pesada em voga?

O fraco desempenho educacional brasileiro fica mais evidente se comparado a outros países. É o caso da Argentina, por exemplo, que, na década de 30 já apresentava uma média próxima aos 8 anos de estudos para os integrantes de sua população economicamente ativa. Essa média cresceu para 11 anos de estudo na década de 70, aproximando o país-vizinho às médias da

---

(28) Pesquisa realizada pela Fundação Getúlio Vargas (FGV/SP): Tempo na escola é menor do que exige lei. *O Tempo*, Belo Horizonte, 4 .4.2007, Caderno Cidades, p. B2O. Disponível em: <http://www.otempo.com.br/impressao/?idMateria=84783> Acesso em: 12.4.07.
(29) POCHMANN, M. Geração na estaca zero. *O Estado de S. Paulo*, São Paulo, 18 mar. 2007, Aliás, p. j6.

Coreia e de Taiwan. A média brasileira, lamentavelmente, aproxima-se à de países como El Salvador e Nicarágua (BEHRMAN *et al.*, 1999).

Algumas pesquisas indicam que aqueles com Ensino Fundamental completo ganham em média três vezes mais que os analfabetos. Além disso, o retorno financeiro para aqueles no primeiro ano da faculdade (completando 12 anos de estudo) também passa a ser significativo, sobretudo no tocante a expectativas melhores de colocação profissional, com a possibilidade de ganhos salariais em quase 150% com relação aos profissionais formados no Ensino Médio apenas. Já os indivíduos com ensino superior completo (15 a 16 anos de estudo no total) apresentam um rendimento salarial médio quase 12 vezes superior ao grupo sem escolaridade e, para aqueles com mestrado, a diferença chega a 16 vezes[32]. Ou seja, pessoas qualificadas tendem a conseguir os empregos formais oferecidos pelas empresas; os demais permaneceriam sem a menor possibilidade de terem sua carteira de trabalho assinada, contentando-se com subempregos e colocações provisórias no mercado de trabalho!

Além disso, é fato que o mercado de trabalho brasileiro está bastante confuso, particularmente nas grandes capitais, onde se concentram os jovens à procura de colocação profissional numa gama de posições que vai desde os trabalhos informais até cooperativas disfarçadas, sociedades forjadas e, é claro, que com acesso a uma menor parte da população, o tão almejado emprego formal, com registro e carteira de trabalho e direito a encargos sociais e outros benefícios. Portanto, a extensa legislação trabalhista, sobrecarregando o empresariado com encargos sociais e uma gama interminável de impostos para que se mantenha uma relação de emprego, aliada à questão das políticas educacionais insatisfatórias em nosso país, parece atuar como uma trava de segurança para que nossos cidadãos sem acesso à necessária qualificação profissional sejam quase que excluídos da possibilidade de trabalharem...

Importante, nesse esteio, que se diferencie mercado de trabalho e mercado de recursos humanos. O primeiro refere-se ao conjunto de vagas oferecidas pelas empresas, numa determinada época, num determinado local; o segundo, refere-se às pessoas que, de algum modo, estão dispostas a ocupar as vagas oferecidas, naquela época e local. Há, ainda, profissionais da área de Recursos Humanos que adicionam a nomenclatura mercado de mão de obra àquele conjunto de pessoas interessadas nas oportunidades de trabalho oferecidas e justificam: o mercado de recursos humanos engloba o de mão de obra, sendo que este último é composto, basicamente, por pessoas com baixa ou nenhuma qualificação profissional.

---

(30) MENEZES FILHO, N. A evolução da educação no Brasil e seu impacto no mercado de trabalho. In: *Estudo realizado pelo Departamento de Economia da USP*, São Paulo, mar. 2001. p. 25. Disponível em: <http://www.ifb.com.br/arquivos/artigo_naercio.pdf> Acesso em: 20.4.07.

Discutir a questão do mercado de trabalho, portanto, implica pensar sobre as pessoas que se pretende façam parte desse cenário de oportunidades profissionais. Se, por um lado, é maciça a defesa em prol de melhores relações trabalhistas, com maior participação dos principais beneficiados, ou seja, dos próprios trabalhadores, por outro lado, a análise do perfil do profissional em questão, em sua maioria com baixa qualificação profissional remete, de imediato, à frustração dessa expectativa. A especificação de tempo e espaço é imprescindível à compreensão dos conceitos, na medida em que diferentes situações e momentos apresentam demandas para trabalhadores bastante diferentes também. Assim, por exemplo, pode-se afirmar que há oferta excessiva de trabalhadores na cidade de São Paulo, no dias atuais, inclusive de profissionais qualificados, fazendo com que despenque, em grande parte das oportunidades de trabalho, o salário inicial de contratação. E, em que pese essa dura realidade na capital paulistana, há regiões do próprio Brasil que oferecem colocações a peso de ouro para os mesmos profissionais à procura de emprego. Quanto ao mercado de mão de obra, parece que a responsabilidade por sua qualificação profissional se transfere automaticamente para as empresas, que deverão investir em pesados treinamentos, caso desejem diferenciar seus produtos ou, minimamente, enquadrar-se nos requisitos de qualificação de empregados exigidos pelas normas de qualidade, as chamadas ISO's[31].

Na década de 80, o mercado de trabalho no Brasil sofreu uma importante dispersão setorial do emprego, com o aumento relativo do setor de serviços e a redução relativa do setor industrial na composição do emprego. Aquela situação anunciava, então, uma maior abertura comercial, menor aporte de recursos públicos e maior estabilidade de preços após o Plano Real, mas também influenciava na maior competitividade entre as empresas, passando a ditar a necessidade de rever os métodos de produção, dentre outras providências imediatas. Várias empresas responderam rapidamente à nova realidade, passando a adotar cada vez mais a prática de terceirização[32] e, em alguns casos, até mesmo a informalização do trabalho, no afã de reduzir seus custos de produção. E com a proliferação de modalidades atípicas de contratação, chega--se a um mercado de trabalho heterogêneo e com alta informalidade, até mesmo em segmentos com alta especialização. Assim, desde os anos 70, as empresas adotam estruturas menores, de baixo custo e alto grau de especialização e

---

(31) *International Organization for Standardization*, entidade não governamental criada em 1947 e com sede em Genebra (Suíça), cujo objetivo é promover, no mundo, o desenvolvimento da normalização e de atividades relacionadas, com a intenção de facilitar o intercâmbio internacional de bens e serviços e de desenvolver a cooperação nas esferas intelectual, científica, tecnológica e de atividade econômica.

(32) Terceirização ou *Outsourcing* é o processo por meio do qual algumas atividades da empresa são transferidas para terceiros, que se tornam parceiros da organização principal. Trata-se de prática regulamentada pela Lei n. 9.472/97, no que se refere aos serviços de telecomunicações.

know-how, como o que ocorreu com as chamadas empresas-rede, no norte da Itália, empresas pequenas e especializadas, que se valem de terceirização para a manutenção de suas atividades (ROBORTELLA, 2005). Tal cenário vem causando, até nossos dias, inevitáveis impactos sobre o nível e a qualidade do emprego oferecidos aos profissionais[33].

Ocorre que essa situação é bastante preocupante para o futuro, pois acaba ditando algumas mudanças indesejáveis na demanda por mão de obra, gerando desemprego de longo prazo para alguns tipos de profissionais. E a questão agrava-se ainda mais diante da inadequação de nossa legislação trabalhista que carece de atualização se realmente sua manutenção justifique melhores condições de emprego para os cidadãos brasileiros, sendo crucial que os empregadores possam investir em qualificação e treinamento para seus empregados ao longo da relação de emprego.

Isso porque a maior parte das leis trabalhistas (que invariavelmente provocam impacto na performance do mercado de trabalho), no Brasil, data dos anos 30 e 40, com poucas modificações sendo introduzidas pela Constituição Federal de 1988[34], com o intuito de oferecer mais proteção aos trabalhadores[35].

Em São Paulo, onde há maior índice de emprego com carteira de trabalho assinada, esse índice, em fevereiro de 2007, foi de 44,7%, representando que a média do país é inferior a esse número. Portanto, essa é a população com emprego formal, que, portanto, gera recolhimentos previdenciários e fundiários para os cofres públicos. O restante é composto por trabalhadores informais, empregadores e trabalhadores por conta própria[36]. Assim, apesar da extensa legislação e um sem número de acordos e convenções coletivas, mais de 50% da população economicamente ativa encontra-se alocada em trabalhos informais[37], o que significa ausência completa de legislação e falta de acesso aos benefícios previdenciários, por exemplo, para a maior parte da população, o que é bastante preocupante.

De acordo com o Quadro 3, nota-se que não apenas o gênero, mas a faixa etária e os anos de escola influenciam diretamente na maior ou menor facilidade de colocar-se no mercado de trabalho e, é claro, levam em consideração o local onde as oportunidades de trabalho são detectadas. Desse modo, a informação

---

(33) REIS, M. e GONZAGA, G. Desempregos e deslocamentos setoriais da demanda por trabalho no Brasil. In: *Textos para discussão*, n. 427, Rio de Janeiro: PUC — Departamento de Economia, abr. 2000.
(34) A inserção de alguns direitos trabalhistas no texto de nossa Carta Magna torna ainda mais difícil a alteração necessária para os ajustes às novas regras da economia, num cenário globalizado e mais dinâmico.
(35) CAMARGO, J.; NERI, M. e REIS, M. Emprego e produtividade no Brasil na década de 90. In: *Textos para discussão*, n. 405, Rio de Janeiro: PUC — Departamento de Economia, out. 1999.
(36) IBGE. Diretoria de Pesquisas, Coordenação de Trabalho e Rendimento, Pesquisa Mensal de Emprego. In: Disponível em: <http://www.ibge.gov.br/home/estatistica/indicadores/trabalhoerendimento/pme_nova/defaulttab2.shtm> Acesso em: 12.4.07.
(37) *Idem*.

precisa que se tem é a de que, independentemente das capitais pesquisadas, a faixa etária que mais se encontra empregada é aquela compreendida entre 25 e 49 anos, confirmando-se, inclusive, pelos dados dessa tabela, que a população entre 15 e 17 anos é a que menos posições ocupa no mercado de trabalho.

Em paralelo, observa-se que as mulheres já são a maior parte da população empregada nas grandes capitais e que o tempo de estudo é fator decisivo para a inserção profissional no mercado de trabalho: enquanto a população com menos de 1 ano de estudo aparece minoritária na ocupação dos postos de trabalho, a fatia da população com mais de 11 anos de bancos escolares ocupa a posição de maior incidência dentre a População em Idade Ativa (PIA).

Também o setor econômico que contrata os profissionais parece ser facilmente identificado pelo nível educacional de seus empregados. No setor da construção civil, por exemplo, 70% dos empregados não concluíram o Ensino Fundamental; na indústria manufatureira, a maioria dos empregados tem entre 4 e 11 anos de estudo, enquanto que no setor comercial, a distribuição educacional privilegia o acesso da população com Ensino Médio concluído.

Quadro 3: Indicadores de Distribuição da População em
Idade Ativa (PIA), por Região Metropolitana[*],
segundo Gênero, Faixa Etária e Anos de Estudo (fev. 2007)

População em Idade Ativa (%)	Total [*]	RE	SA	BH	RJ	SP	PA
Gênero:							
Masculino	46,7	45,6	45,9	46,7	46,2	47,4	47,0
Feminino	53,3	54,4	54,1	53,3	53,8	52,6	53,0
Faixa Etária:							
10 a 14 anos	9,4	10,1	9,0	9,9	8,8	9,5	9,7
15 a 17 anos	5,8	6,0	5,6	6,3	5,4	5,9	5,8
18 a 24 anos	14,3	14,7	16,9	16,0	12,7	14,3	14,0

(*) Consideradas as capitais Recife, Salvador, Belo Horizonte, Rio de Janeiro, São Paulo e Porto Alegre.

População em Idade Ativa (%)	Total (*)	RE	SA	BH	RJ	SP	PA
Faixa Etária:							
25 a 49 anos	44,0	44,2	47,0	44,5	42,0	44,7	43,1
50 anos ou +	26,6	25,0	21,4	23,3	31,0	25,7	27,4
Anos de Estudo:							
Menos de 1 ano	4,1	6,1	4,1	4,2	4,1	3,9	3,2
1 a 3 anos	7,9	8,8	9,1	7,9	8,1	7,2	8,4
4 a 7 anos	29,4	29,8	25,1	31,4	28,7	29,5	32,1
8 a 10 anos	18,6	16,8	19,0	19,1	19,3	18,1	19,6
11 anos ou +	39,9	37,9	42,5	37,3	39,7	41,2	36,4

Fonte: IBGE. Diretoria de Pesquisas, Coordenação de Trabalho e Rendimento, Pesquisa Mensal de Emprego. Disponível em: <http://www.ibge.gov.br/home/estatistica/indicadores/trabalhoerendimento/pme_nova/defaulttab2.shtm>.

Quanto às pessoas com ensino superior, estão altamente concentradas no setor de serviços, que engloba profissionais liberais e administração pública, entre outros (BEHRMAN et al., 1999).

Quadro 4: Participação da Ocupação por Grau de Escolaridade (em %)

Período	0-3 anos	4-7 anos	8-10 anos	11 anos ou +
2003	9,4	24,3	19,6	46,7
2004	8,8	24,2	18,4	48,6
2005	7,9	23,1	18,5	50,5
2006	7,8	21,6	18,5	52,1

Fonte: IBGE/PME. Disponível em: <http://www.ipea.gov.br/pub/bcmt/mt_30c.pdf> Acesso em: 20.4.07.

Fato é que, na grande parte dos estados brasileiros, a situação que vivenciamos é de mercado de trabalho em baixa e mercado de recursos humanos em alta, o que deve ser traduzido como poucas vagas sendo oferecidas pelas empresas e muita oferta de pessoas dispostas a ocupar aquelas vagas, frise-se, pessoas com e sem qualificação (ROBBINS, 2005). Essa situação traz consequências indesejáveis para uma economia que aspira ao crescimento, como é o caso do Brasil, dentre elas, as relacionadas a seguir:

• aumento das exigências para os candidatos. Como a oferta de profissionais é bastante grande e são poucas as empresas à procura de determinado perfil de candidatos, justifica-se a busca por pessoas superqualificadas para os postos de trabalho abertos. Esta situação também é justificada pelo alto custo das demissões, entendendo-se que a qualificação por vezes superior àquela efetivamente necessária poderia levar ao aproveitamento do candidato em outra vaga, evitando-se a rescisão de seu contrato de trabalho. E, nesse caso, há que ser traçado um comentário oportuno: a satisfação do empregado passa a ser um item quase que esquecido frente à postura de alguns empresários, principalmente porque se sabe que a satisfação e a motivação nos trabalhadores tende a diminuir, na medida em que as ocupações rotineiras exigem menos do profissional do que ele potencialmente é capaz de realizar (ROBBINS, 2005).

- maior investimento em processos seletivos. Por conta disso, a fim de que seja escolhido o candidato que realmente possa demonstrar um desempenho desejado (frise-se, nem sempre o melhor candidato, uma vez que outros fatores são levados em consideração no momento da contratação, como fatores psicológicos e de relacionamento, e não apenas a qualificação técnica do candidato), o processo seletivo pode tornar-se mais caro e moroso, com a realização de um sem número de entrevistas, testes, dinâmicas, no afã de encontrar o candidato mais adequado ao perfil desenhado pela empresa[38].

- menor investimento em recrutamento de candidatos. Em épocas ou situações em que o mercado de trabalho é maior que o mercado de recursos humanos, são maciços os gastos com recrutamento, pois somente desse modo a empresa é capaz de alcançar o maior número possível de interessados e preencher adequadamente a vaga oferecida. Na prática, essa situação se traduz em grandes anúncios em jornais, visitas a universidades e outras instituições de ensino, enfim, práticas que valorizam a busca pelos profissionais desejados, ao contrário do que ocorre nos dias atuais em nosso país, quando se vê uma considerável redução até mesmo do caderno de empregos nos jornais de grande circulação.

- diminuição do salário inicial de contratação. Igualmente, o salário oferecido pelas empresas sofre um certo "encolhimento". É bem verdade que o princípio da irredutibilidade de salários deve ser obedecido, mas, diante do desligamento de um empregado e da abertura de vaga para a contratação de outro, o que se percebe é que a possível negociação para o aumento dos salários admissionais deixa de existir nesses períodos e, de tal sorte, o que se percebe, a médio e longo prazos, é uma queda significativa do nível ou média de salários das organizações. Há ocasiões, inclusive, em que os postos de trabalho vagos são renomeados, com a definição de faixas salariais inferiores, já que a procura pelas vagas será igualmente satisfatória.

- menor investimento em programas de capacitação profissional. Outra consequência, nesse caso interna, que se observa é um verdadeiro estrangulamento das políticas de treinamento dentro das organizações. A

---

(38) Comunidade de RH, *Investimento com retorno garantido*. Disponível em: <http://carreiras.empregos.com.br/comunidades/rh/fique_por_dentro/270103-pn_investimento_garantido.shtm> Acesso em: 12.4.07.

carreira dos empregados passa a depender quase que exclusivamente deles mesmos, na medida em que o desembolso para programas profissionalizantes praticamente se anula diante da possibilidade de contratação, no mercado, de indivíduos superqualificados, por vezes, para determinadas vagas. Além disso, diante da elevada oferta de profissionais qualificados, favorece a abertura de vagas externamente à organização em detrimento do aproveitamento dos próprios empregados.

• menor número de promoções internas. Como é grande a oferta de profissionais no mercado de recursos humanos, parece natural que, diante da abertura de uma nova vaga, a busca para sua ocupação seja feita externamente, e não dentro os quadros de profissionais da empresa. Isso porque a probabilidade de encontro de um profissional superqualificado no âmbito externo da empresa é bastante grande, enquanto que a certeza que se tem quanto ao empregado preterido é a de que, em vista das poucas oportunidades de recolocação oferecidas pelo mercado, dificilmente se desligaria da empresa, apesar da frustração quanto à escalada em sua carreira na organização.

• Oferta de formas de trabalho diferenciadas que se distanciam dos empregos formais tão valorizados no passado, numa época de bem menores mudanças tecnológicas no campo do trabalho.

Assim, deve pensar o legislador em como promover a inserção dos cidadãos no mercado de trabalho, seja como empregado, seja como trabalhador de qualquer outra modalidade. E esses conceitos de trabalho se alargam ainda mais quando pensamos em flexibilidade para adequar-se às novas exigências que se verificam no consumo, de um modo geral, refletindo-se em mudanças constantes no mercado de trabalho. E essa situação tende a agravar-se ainda mais com o passar do tempo, uma vez que, na próxima década, 80% da tecnologia terá menos de 10 anos enquanto que 80% da força de trabalho já terá adquirido suas qualificações profissionais há mais de 10 anos.[39]

E até mesmo para aqueles que já compreenderam que o mercado de trabalho está em franco processo de mudança, os conceitos não ligados única e exclusivamente à empresa fazem a diferença: devem estar atentos ao fato de que as empresas, atualmente, compram mais serviços do que contratam empregados, o que cria oportunidades de trabalho com maior autonomia, em detrimento dos empregos nos moldes formais que conhecemos.

Mas, deve-se acima de tudo, ter cuidado com o tipo de política ou legislação a ser adotada em nosso país, para evitar que as consequências sejam ainda piores. É o caso, por exemplo do que ocorreu recentemente, quando o governo brasileiro tentou ver ratificada a Convenção n. 158 da OIT —

---

(39) NUNES, N.; COSTA, J. Projecto de Bolonha, que teve por base a reunião dos países europeus, ocorrida em jun. 99, para a definição das bases do ensino superior europeu até 2001. Disponível em: <http://bolonha.uma.pt/download/ProjectoBolonhaUMa.pdf> Acesso em: 10.4.07.

Organização Internacional do Trabalho, segundo a qual nenhuma empresa pode dispensar um empregado sem apresentar uma justificativa. Tal medida, é bem verdade, ampliaria o poder dos sindicatos em negociações coletivas, mas retiraria o necessário poder de decisão dentro das empresas, o que é inaceitável porque, obviamente, implicaria na redução do número de postos de trabalho e da própria mobilidade interna na organização. Esta situação já é identificada em estudos como o promovido pelo Banco Mundial, denominado *Doing Business*, que revela que, uma vez analisado sob a ótica de ambiente de negócios, na esfera trabalhista, o Brasil ocupa o 119º lugar numa pesquisa realizada com 177 países participantes, sobretudo graças à rigidez de nossas relações de trabalho. Aliás, foi exatamente com a adoção de medidas de flexibilização nas leis trabalhistas que Espanha e Inglaterra, por exemplo, reduziram seu índice de desemprego, respectivamente, de 22 para 7,6% e de 12 para 5,4% nos últimos anos (STEFANO e PADUAN, 2008). E, apenas para que não se perca o governo no afã de garantir o emprego vitalício para seus cidadãos, sem que sejam considerados outros fatores relacionados à dinâmica das empresas e do próprio mercado de trabalho, há que se lembrar dos ensinamentos de *Plá Rodriguez* (1990) de que a lei sempre deve estar alinhada aos interesses da sociedade.

Capítulo 2

Características da Contratação Coletiva

Falar sobre contratação coletiva é, em outras palavras, falar sobre a própria negociação coletiva de trabalho, vez que quando ocorre de forma verdadeira, acaba por possibilitar a redação de um documento, que poderia ser um Contrato Coletivo de Trabalho e que, neste caso, apresenta algumas exigências em termos de formalidade, a serem abordadas no decorrer deste capítulo.

Apesar de ser a prática da contratação coletiva amplamente difusa mesmo entre a maioria dos países que adotam o sistema legalista de relações do trabalho, tem por base a teoria contratualista, como o próprio nome demonstra, a autonomia da vontade das partes e sua aplicação no âmbito dos que contrataram.

A teoria contratual apoia-se em 3 princípios básicos: o princípio da autonomia da vontade, ou seja, os indivíduos têm liberdade para contratar ou não e sobre aquilo que bem entenderem; o princípio da relatividade das convenções, segundo o qual os contratos somente obrigam as partes contratantes, não podendo aproveitar nem prejudicar terceiros, o que representa a garantia de quem ninguém ficará preso a uma convenção, a menos que assim queira ou que a lei determine; finalmente, o princípio da força vinculante das convenções, pelo qual, uma vez obedecidos os requisitos legais, o contrato faz lei entre as partes (FERREIRA, 1993).

De acordo com a Recomendação n. 91 da OIT, de 1951: "a expressão contrato coletivo compreende todo acordo escrito celebrado entre um empregador, um grupo de empregadores ou uma ou várias organizações de empregadores, de um lado e, de outro, uma ou várias organizações representativas dos trabalhadores ou, na ausência de tais organizações representantes dos traba-lhadores interessados, devidamente eleitos e autorizados pelos demais trabalhadores (e conforme legislação nacional) (...) devendo todo contrato coletivo obrigar seus contratantes"[1].

Trata-se, portanto, de um acordo bilateral de estipulação de condições de trabalho, compondo-se de duas partes: uma normativa, que estabelece as condições de trabalho, e uma obrigacional, na qual os contratantes (sindicatos e associações empresariais ou empresas) se comprometem a determinadas

---

(1) *Convenios y recomendaciones* 1919-1966. Genebra: OIT, 1993. p. 856.

obrigações, visando assegurarem o pactuado, inclusive com a indicação de meios para a solução dos conflitos que possam vir a ocorrer.

Assim, a contratação coletiva não estabelece relações de emprego; estabelece as condições sob as quais o trabalho será executado na empresa ou nos estabelecimentos alcançados pela negociação. Portanto é uma avença de caráter normativo; não é contrato de emprego (RIBEIRO, 1970).

Difere, portanto, do Contrato Individual, na medida em que neste verifica-se um vínculo entre a empresa e o empregado, enquanto que no Contrato Coletivo, o vínculo se resume entre empresa e sindicato, o que, para alguns, se traduz num modo de contornar a impossibilidade de o trabalhador, isoladamente, fazer valer o exagerado número de direitos previstos nas diversas legislações, quer pela absoluta ineficiência da fiscalização necessária, quer pela morosidade da justiça.

O acordo coletivo originou-se e desenvolveu-se na Grã-Bretanha, durante o séc. XIX, espalhando-se pela Europa até o final daquele século e ganhando maior destaque imediatamente após a guerra.[2] Entretanto, tem-se desenvolvido mais lentamente em alguns países, em função da alternância constante entre fases de depressão econômica e de seu crescimento, custando mais a desenvolver-se nos países em que as fases recessivas costumam sobressair-se.

Pode-se dizer, portanto, que o contrato coletivo teve sua origem coincidente com o início do processo de industrialização e começou a desenvolver-se, com mais vigor, a partir da segunda guerra mundial, em condições econômicas que sintetizavam rápido crescimento econômico, inflação baixa e controlada, baixas taxas de desemprego e pouquíssima competição a nível de mercado internacional.

De acordo com *Ribeiro* (1970), a contratação coletiva tem como principais objetivos:

a) estabelecer normas que hão de reger as condições de trabalho e emprego e execução das tarefas, resguardadas as leis vigentes, os direitos, as prerrogativas da empresa pactuante;

b) permitir, através da discussão a participação dos trabalhadores pelos seus sindicatos na elaboração das normas supracitadas;

c) estabelecer, pelo estudo e discussão conjunta e pelo acordo final, os princípios de relações humanas adequadas e processos de tratamento democrático no ambiente de trabalho;

d) concorrer para elevar o moral do grupo, o nível de vida do trabalhador e a produtividade da empresa e da comunidade em geral.

---

(2) *Collective agreements — studies and reports*. Séries A (Industrial Relations), n. 39, Geneve: King& Son, 1936. p. 5.

Segundo a própria OIT, através das recomendações que tem emitido sobre o assunto[3], devem os contratos coletivos conter as seguintes matérias:

a) termos de empregos: salários, horas de trabalho, férias remuneradas, seguridade social[4], estabilidade do emprego. O contrato pode dispor que um trabalhador demitido, por exemplo, sob a alegação de mão de obra ociosa, tenha direito à prioridade de readmissão com a melhoria das condições econômicas da empresa;

b) condições de trabalho: local de trabalho, prevenção de acidentes, bem-estar (remuneração indireta, como por exemplo a instalação para refeitórios, creches e outro;

c) relações trabalho-gerência: consulta, disposição sobre eleição de membros de um comitê ou conselho consultivo, participação nas tomadas de decisão, reclamações e seu tratamento, disposições para a solução de conflitos, como conciliação e arbitragem.

Até a década de 30, na maioria dos países, nos contratos coletivos só havia lugar para assuntos ligados a termos de emprego e condições de trabalho. A partir daí, passa a haver referências às chamadas relações "trabalho-gerência". Antes disso, os empregadores faziam uso frequente da expressão "prerrogativa de gerência"[5], significando com isto o direito do empregador de admitir, demitir ou alterar os termos de emprego dos trabalhadores, conforme lhe conviesse. Nesta parte dos contratos é que normalmente são estipulados o funcionamento de órgãos consultivos, a participação dos trabalhadores, o tratamento de reclamações de empregados e os meios para a solução de conflitos que possam vir a ocorrer.

Dentre as cláusulas de maior interesse para os sindicatos, estão as chamadas "cláusulas de proteção sindical", que procuram incluir garantias e reconhecimento para a própria instituição sindical. Entre elas, figuram, por exemplo, as cláusulas para a fixação de contribuição compulsória (através das quais todos os empregados recolherão algum valor para o sindicato), cláusulas incentivadoras da sindicalização, a imposição de representação dos trabalhadores nos locais de trabalho e seus direitos na busca das informações que precisam para o exercício de sua função.

Entre tais cláusulas, ainda, o sindicato pode pleitear sua participação em áreas de decisão da administração relativas ao pessoal, entre elas, promoções, dispensa, transferências, disciplina, contratos de empreitada que possam prejudicar os interesses dos empregados, salários, horários, mudanças

---

(3) DUNNING, Harold. *Negociação e redação de um contrato coletivo*. Brasília: OIT, Ministério do Trabalho, 1993. p. 8-15.
(4) De acordo com esclarecimento da própria OIT, na maioria dos países, esta proteção é oferecida na forma de benefícios de seguridade social, de acordo com a lei. Mas, quando tais benefícios são considerados insuficientes ou quando são propostos benefícios adicionais em prol dos trabalhadores, incluem-se tais itens na pauta de negociação e, consequentemente, nos contratos coletivos.
(5) Ainda largamente observada nos EUA.

nos quadros, regras das empresas, tamanho dos quadros, readmissões, indenizações, retreinamento dos empregados (no caso de mudanças tecnológicas), prioridade de readmissões de antigos empregados quando abrirem novas vagas, estabelecimento de períodos de férias coletivas para que se efetivem as mudanças que afetariam a produtividade do trabalhador e, consequentemente, seu salário.

Entretanto, existem algumas matérias que, a princípio, dizem respeito somente à administração da empresa e que, normalmente, nos países em que o contrato coletivo é adotado, são questionáveis sobre a possibilidade de integrarem as cláusulas de interesse dos sindicatos, concedendo-lhe permissão para discutí-las ou, como o caso da Alemanha, para deliberar sobre elas juntamente com os empregadores.

Entre elas, pode-se mencionar a introdução de máquinas novas, de novos tipos de produtos que se pretenda produzir, localização inicial das fábricas e dos estabelecimentos, finanças, vendas, lucros e métodos. Em sendo admitidas tais matérias como passíveis de deliberação conjunta pelos sindicatos, podem tolher o direito do empresário em seu poder de gerência, vez que dizem respeito às diretrizes da empresa e não à discussão de política de pessoal.

Para que um contrato seja entendido como vigente, como válido juridicamente, existem alguns requisitos de validade que devem ser observados. Como requisitos formais, este instrumento deve conter obrigatoriamente a designação dos sindicatos contratantes, as categorias ou classes de trabalhadores atingidos pelos dispositivos, as condições ajustadas para reger as relações individuais de trabalho durante sua vigência e as normas para conciliação das divergências.

Sobre sua vigência, poderá ser por prazo determinado ou por prazo indeterminado e não deve ser confundido com outras figuras que podem resultar de uma negociação coletiva, entre elas o acordo coletivo e a Convenção Coletiva de Trabalho, ambas já definidas anteriormente.

Ainda, acordos amplos, com suas previsões sobre salários, horas e condições de trabalho podem ser emendados por acordos mais especializados, como, por exemplo sobre a interação de um plano privado de aposentadoria ou sobre o retreinamento de trabalhadores cujas funções tenham sido eliminadas pela introdução de novas tecnologias.

Para evitar esse tipo de problema, portanto, seria mais adequado valer-se do chamado "método da diferenciação"[6], por exemplo, separando salários,

---

(6) Método apontado pela OIT (In: *Collective agreements — studies and reports* — Series A (Industrial Relations) n. 39, Geneve: King& Son, 1936. p. 10), que se refere à elaboração de diferentes contratos, com duração diferente, sendo os de matéria mais específica de duração mais curta.

que são temas de frequentes variações de outras condições, colocando-as em acordos especiais; nesse caso, haverá, então, lado a lado, um contrato geral e contratos específicos sobre salários.

Outros tipos de problemas conhecidos dos contratos coletivos são os riscos de problemas morais para as partes pelo não cumprimento de algo combinado, o que fatalmente influiria nas próximas negociações.

Atualmente, alguns autores acreditam que, no caso brasileiro, por exemplo, o estágio alcançado pelos bancários em seu processo de negociação coletiva e determinação de condições de trabalho pode ser entendido como uma verdadeira contratação coletiva, vez que afugentou os trabalhadores do processo de reiteradas greves (que até então eram frequentes), mas que "ainda está muito longe dos modelos de contratação coletiva existentes nos países europeus que adotaram o contrato coletivo, face à preponderante intervenção do Estado nas relações entre o capital e o trabalho no Brasil (CRIVELLI, 1992).

Isto porque, pelo menos um dos aspectos tipificadores dos contratos coletivos, no caso mais preciso, a democracia (por toda a estrutura de relações de trabalho existente em nosso país) não lhe puderam ser observados. São também tipificadores dos contratos coletivos seu dinamismo, sua bilateralidade, sua fluidez, sua maleabilidade, sua continuidade, sua capacidade inclusiva e o fato de ser vista como a conclusão de um processo (RIBEIRO, 1970).

Quanto ao território coberto, deve ser explicitado se é local, regional, provincial ou nacional e, mesmo nos países que o adotam há bastante tempo, existe a ocorrência de conflitos territoriais, além dos conflitos temporais e da coexistência de dois ou mais contratos sobrepondo-se.

Isso porque pode haver vários contratos em uso, juntos, por exemplo, um contrato coletivo maior da empresa coexistindo com um outro apenas para os aprendizes que nela trabalham, ou com um outro, ainda, específico sobre pagamento de férias, enfim, levando à situação em que, toda vez que for revisto o acordo mais amplo, automaticamente, todos os outros devam ser revistos, ainda que para alterar apenas uma cláusula.

Finalmente, quando da assinatura de um Contrato Coletivo de Trabalho, o empresariado deve manter-se atento à questão da competitividade em seu setor de atuação. De nada adianta concordar com cláusulas reivindicadas pelos empregados se a sua manutenção implica em elevados custos e despesas que podem torná-las menos competitiva. É o caso, por exemplo, da atual crise nas montadoras americanas que se dizem sobrecarregadas pelo peso dos benefícios previdenciários, muitas vezes não oferecidos por empresas do mesmo segmento de países diferentes.

"Devem, ainda, ser evitados itens que contenham custos obscuros ou escondidos; devendo as partes sempre lembrar que a negociação coletiva é uma via de duas mãos" (MORSE, 1976) e que acordos com ganhos para as duas partes envolvidas tendem a ser o resultado obtido quando cada parte tem total informação sobre os ganhos de seu oponente e quando as duas partes têm ganhos equivalente" (PENCAVEL, 1991).

Capítulo 3

Experiências de Negociação Coletiva em Outros Países

3.1. Experiências de adoção do contrato coletivo de trabalho em alguns países

Em todos os países, sem exceção, a história tem mostrado que as conquistas decorrentes de movimentos sindicais só afloraram em épocas produtivas e que, em períodos de recessão, os movimentos trabalhistas perdem quase que por completo sua força e poder de barganha, o que não poderia ser diferente para os países cujas relações de trabalho serão apresentadas a seguir. Desse modo, não por outra razão. A exposição que segue, sobre a adoção do contrato coletivo nesses países, será acompanhada da análise sobre seus movimentos trabalhistas e sua economia na época.

Embora com relevantes diferenças quanto a métodos e práticas da negociação coletiva, principalmente quanto aos seus procedimentos e instituições, sobre os países analisados a seguir, deve-se observar que todos aqueles que possuem um procedimento autêntico de contratação coletiva contam, invariavelmente, com organizações sindicais livres e representativas, além de terem plena capacidade de exercício do direito de greve e de outras formas de pressão.

Na Europa, em sua maioria, as negociações dão-se em nível de setores da indústria ou categorias. Entretanto, em alguns de seus países, entre eles Áustria, Noruega e Dinamarca, a negociação é altamente centralizada, dando-se a nível nacional, o que pode prejudicar os resultados como um todo em economias com diferenças regionais muito acentuadas, como é o caso do Brasil, a partir do momento em que generaliza as relações de trabalho, como se fossem idênticas.

Em alguns países, entre eles Austrália, Finlândia, Bélgica, França, Itália e Portugal, funcionam simultaneamente os três níveis de negociação, a saber:

a) central — para todo o país, onde os trabalhadores e o governo elaboram acordos centrais sobre macroeconomia e políticas de salários, além de políticas de treinamento.

b) Setorial — para uma determinada categoria de indústria ou setor; o acordo assinado para aquele setor tende a ser exemplo para outros setores, respeitadas as diferenças entre eles, a exemplo do que ocorre na Alemanha e Áustria.

c) Empresarial — Para empresas, individualmente, como ocorre no Japão, EUA e Reino Unido.

Atualmente, o que se verifica como tendência na Europa é a descentralização da negociação, levando-a para o nível de empresa, afinal "quem compete é ela e não a nação"[1]; assim, devido às diferenças, não apenas entre os setores, mas sobretudo a nível de empresas neles inseridas, enquanto as negociações centralizadas estão se tornando menos significativas, as negociações a nível de empresa estão ocupando maiores espaços.

Ainda, desde meados dos anos 80, o que se verifica na Europa é o fato de que os sindicatos têm se interessado mais por programas de qualidade, retreinamento e reciclagem do que por reivindicações de estabilidade ou melhores condições de trabalho, o que prova que as negociações estão mudando seu escopo, com uma maior compreensão dos sindicalistas sobre as transformações de mercado.

Entretanto, mesmo com este aparente desenvolvimento das partes negociadoras, em praticamente todos os países industrializados, observa-se a intervenção da lei, por menos densa que possa ser, tanto prevendo o modo de elaboração e conclusão de acordos coletivos quanto prevendo sanções no caso de não cumprimento do pactuado pelas partes.

Assim é que se pode afirmar que, na maioria dos países, os padrões de trabalho ainda são, de algum modo, regulados parte pelo Estado, parte pelos acordos coletivos, sendo que "a importância ou supremacia de cada um deles depende do grau de desenvolvimento das relações industriais entre as partes".[2]

Fato é, e pode ser observado nos países a seguir analisados, que "os sistemas da Europa ocidental tendem a colocar muita ênfase na lei, enquanto que o sistema dos EUA privilegia a negociação.(...) é claro, a partir da legislação na Europa há um grande volume de negociação, assim como os EUA baseiam a negociação em um mínimo de regras básicas estabelecidas em lei. A diferença fundamental entre os dois modelos é na enfase que é dada à legislação e à centralização ou à negociação e à descentralização" (PASTORE e ZYLBERSTAJN, 1988).

Nos países em que prevalecem as relações voluntárias, ou seja, maior importância é dada aos contratos como fonte de direitos, o papel do Estado limita-se a:

---

(1) PASTORE, José. Palestra realizada no auditório d'*O Estado de S. Paulo*, dez. 94.
(2) Collective Agreements — *studies and reports*. Series A (Industrial Relations) n. 39, Geneve: King & Son, 1936. p. 73.

— regular condições de trabalho para os setores da economia que não estejam desenvolvidos a ponto de celebrar negociações coletivas satisfatórias;

— estabelecer padrões para um mínimo de condições sociais prevista pelo Estado como fundamentais;

— auxiliar, quando necessário, o processo da negociação coletiva pelo sistema de mediação e arbitragem (estatais);

— intervir em períodos de crise, a fim de, pelo menos, manter as condições de emprego e trabalho.

Paralelamente, o que se tem verificado não só por toda a Europa, mas pela maioria dos países, em geral, é uma queda crescente da sindicalização dos trabalhadores, ainda que a associação aos sindicatos seja maior na Europa do que nos outros continentes (com exceção da França e Espanha) e apresente uma tendência de ser maior em países pequenos do que em grandes países.[3]

As maiores quedas apresentadas nos últimos anos foram constatadas nos EUA, Reino Unido e França, existindo uma série de justificativas por parte da própria Organização Internacional do Trabalho para tal fato, entre elas:

• elevação da taxa de desemprego — além do menor número de empregados trabalhando, os empregadores desencorajam a adesão ao sindicalismo;

• novos tipos de funções — sistemas flexíveis de produção e a expansão rápida do setor de serviços torna mais difícil a organização dos sindicatos;

• novos tipos de trabalhadores — temporários, *part-time* ou contratados, que têm menor interesse em filiar-se a um sindicato;

• ação governamental — algumas legislações em diferentes países têm estreitado os direitos dos sindicatos e limitado o direito de greve;

• fraqueza dos sindicatos — muitos sindicatos têm sido forçados a conceder direitos de representação, pela falta de maior preparo para as barganhas, de um modo geral.

Finalmente, completa tais informações o surgimento, nos países desenvolvidos, de uma nova distribuição do emprego, "na qual emergiram com crescente participação as ocupações classificadas como de 'colarinho branco' — uma força de trabalho mais jovem, melhor educada e com proporções

---

(3) *World International Labour Organization*. Geneva: ILO, jun. 92. p. 57.

crescentes de mulheres (...), que tradicionalmente têm uma menor identificação com os sindicatos" (PASTORE e ZYLBERSTAJN, 1988).

Mesmo com a queda da sindicalização, em alguns países os efeitos das negociações permanecem inalterados, o que se deve, por vezes, ao poder dos Ministérios do Trabalho de "estender cláusulas de instrumentos normativos a categorias equivalentes quando se constata qualquer tipo de resistência por parte dos empregadores.O resultado concreto desta prerrogativa do Ministério do Trabalho é a garantia da globalização dos efeitos da negociação coletiva para realidades compatíveis"[4].

Onde a negociação é fragmentada, como nos EUA, o processo de extensão é realizado informalmente pelas próprias empresas atingidas por mobilizações dos trabalhadores.

Desse modo, alguns países da Europa, principalmente, têm caminhado para uma situação *sui generis*, conforme comprova a observação da OIT, ao indicar que, na Espanha, por exemplo, apenas 16% dos empregados são sindicalizados, embora acordos coletivos beneficiem 82% da força de trabalho no país e que, na França, 12% dos trabalhadores são sindicalizados, enquanto que 80% dos trabalhadores são beneficiados pelos acordos coletivos, levando à constatação de que a França caminha na direção do sindicalismo sem membros[5].

A preocupação da OIT quanto à contratação coletiva remonta à Declaração de Filadélfia, onde se proclamaram o reconhecimento efetivo do direito de negociação coletiva e a cooperação de empregadores e trabalhadores na aplicação de medidas sociais e econômicas. Assim, antes mesmo da 2ª guerra mundial, já se encontrava alguma referência sobre contratos coletivos em convenções da OIT sobre questões específicas, mas a partir de 1948 é que as normas internacionais sobre contratos coletivos se tornam mais frequentes[6].

Até então, antes de adotarem um sistema negocial, a maioria dos países, entre eles, Itália, Espanha e Portugal, praticava um sistema estatutário, com uma legislação trabalhista bastante densa.

Finalmente, é importante observar que o Contrato Coletivo de Trabalho recebe várias denominações no direito comparado. Na França, denomina-se convenção coletiva ("convention collective"), nos EUA, usam-se expressões como "labor agreement"(acordo trabalhista) ou "collective labor contract" (contrato coletivo de trabalho). "A preferência espanhola é por 'convênio coletivo' e a italiana, por 'contratto collettivo'"[7].

---

(4) Estudo sobre contrato coletivo de trabalho. *Cadernos de debate DIAP* — Departamento Instersindical de Assessoria Parlamentar, Ulisses Riedel, abr.95. p. 25.
(5) *World Labour Organization.* Geneva: ILO, jun. 92. p. 58.
(6) LUCA, Carlos Eduardo de. *Op. cit.,* p. 168.
(7) PICARDI, José de Freitas. Entrevista realizada em abr. 95.

3.2. Itália

A origem do Contrato Coletivo de Trabalho na Itália remonta ao início do século XX. Segundo alguns autores, leis esparsas daquele período citavam o Contrato Coletivo de Trabalho sem dar-lhe, todavia, uma forma ou corpo, "deixando à própria sociedade a tarefa de definir suas formas e características mais relevantes"[8].

O contrato coletivo italiano então previsto não tinha um conteúdo mínimo nem um objeto delimitado. Mas sempre foi possível distinguir cláusulas de conteúdo normativo, que são voltadas à manutenção da disciplina das relações individuais de trabalho, e outras de sentido obrigacional, que vinculam os sujeitos estipulantes do contrato.

Com a ascensão do fascismo em 1922, verificou-se um forte controle e combate ao sindicalismo democrático na Itália. A eficácia *erga omnes* do Contrato Coletivo de Trabalho em relação a todos os membros da categoria foi introduzida no ordenamento jurídico italiano por obra do art. 10, da Lei n. 563, de 3.3.1926. Para efetivar essa eficácia contratual, o Estado fascista transformou o sindicato em ente de direito público (BARASSI, 1934).

Posteriormente, tais regras foram detalhadas no art. 54 do Regulamento n. 1.930, de 1.7.1926, o qual estabelecia a inderrogabilidade do Contrato Coletivo de Trabalho. Nesse sentido, os contratos individuais de trabalho celebrados por trabalhadores e empregadores sujeitos a contratos coletivos deviam harmonizar-se com as normas desses últimos. As cláusulas dos contratos individuais que diferissem das cláusulas dos contratos coletivos de trabalho deveriam ser substituídas, exceto se fossem mais favoráveis aos trabalhadores (CESSARI, 1963).

Assim, em termos de estrutura daquele instrumento, entre suas cláusulas normativas, poderiam ser relacionadas: a) cláusulas de organização da atividade contratual; b) cláusulas de administração do contrato coletivo (conciliação e arbitragem, além da previsão de existência das comissões); c) cláusulas referentes aos próprios grupos organizados (retenção de contribuições, garantias para o exercício de atividade sindical), entre outras[9].

O ordenamento corporativo foi trazido pelo Decreto Real n. 721, de 9.8.1943. De acordo com o previsto em tal decreto, "para as relações coletivas e individuais, restam em vigor, salvo as sucessivas mudanças, as normas contidas nos contratos coletivos, nos acordos econômicos, nas sentenças da magistratura do trabalho e nas ordenações corporativas, segundo os arts. 10 e

---

(8) REIS, Murilo Gouvêa dos. Contrato coletivo de trabalho. In: *Revista Gênesis,* Curitiba: Furtado, Benedet e Luchtemberg, n. 3, mar. 1994. p. 248.
(9) LUCA, Carlos Eduardo de. *Op. cit.,* p. 87-88.

13 da Lei n. 563, de 3.3.1926, arts. 8º e 11 da Lei n. 163, de 5.2.1934 e arts. 5º e 4º do Decreto-lei Real n. 721, de 9.8.1943".

Em outras palavras, a queda do regime político fascista não significou o fim dos contratos coletivos do período corporativo. Tais contratos somaram-se aos contratos coletivos de direito comum, os quais eram regulados pelo Código Civil, em suas normas aplicáveis aos contratos em geral e aos contratos coletivos corporativos[10]. Entre 1945 e 1950, os contratos coletivos eram predominantemente interconfederais por setores de economia-indústria, comércio e agricultura, ou seja, a contratação se dá a nível nacional.

Com a Constituição de 1948, reconheceu-se, finalmente, o contrato coletivo como fonte de direito, estando situado entre a lei e o contrato individual de trabalho. O art. 39 da Constituição reconhece a liberdade sindical, bem como a competência das associações de trabalhadores e de empregadores para regularem por meio de atos juridicamente relevantes os interesses coletivos dos sujeitos das relações de trabalho[11].

O art. 39 também previu a hipótese de contratos coletivos com eficácia *erga omnes*. Todavia, trata-se de norma de eficácia diferida, subordinada à atuação legislativa. Porém, jamais foi editada e promulgada uma lei que regulamentasse o supracitado inciso constitucional. O desafio de aplicar tal dispositivo constitucional jamais seria vencido com o uso de técnicas dogmáticas exclusivamente civilistas seguramente inadequadas à realidade do pós-guerra (FERRARO, 1981).

Dessa forma, a criação do constituinte permaneceu um pouco como um eterno adolescente. E a razão disso deve ser procurada não na falta de atuação dessas disposições constitucionais (considerada, com o passar do tempo, cada vez mais inevitável e salutar), mas na sua presença e mais precisamente no afastamento cada vez mais claro e irreversível entre o modelo delineado na Constituição e uma sistematização cada vez mais estável assumida pelas relações coletivas sob o estímulo de aspirações e necessidades que se revelaram sempre mais distintas do que aquelas imaginadas pelo constituinte (RUSCIANO, 1984).

Em 1954 começou a desenvolver-se em toda a Itália uma negociação informal ao nível de empresa, marcada pela introdução de novas técnicas de administração (*job evaluation*, sistema de premiação por mérito). Nessa situação, os empresários contratavam diretamente com seus empregados ou seus representantes, com vistas a obter sua adesão aos novos sistemas.

---

(10) NICOLINI, Giovanni. A contratação coletiva no ordenamento italiano. In: FREDIANI, Yone; ZAINAGUI, Domingos Sávio (coords.). *Relações de direito coletivo Brasil-Itália*. São Paulo: LTr, 2004. p. 80.
(11) SCOGNAMIGLIO, Claudio. Autonomia sindacale e eficacia del contratto collettivo di lavoro. In: *Rivista di Diritto Civile*, Roma, v. 1, p. 160, 1971.

A partir de 1962 (anos do milagre econômico), com a contratação articulada, criaram-se condições para um avanço na contratação coletiva. Por meio dessa última, conformava-se a contratação à realidade local ou empresarial: nos níveis superiores seriam estabelecidas as condições mínimas a serem respeitadas pelo inferiores, fixando-se ainda as matérias que poderiam ser rediscutidas na esfera empresarial.

Assim, em nível de setor, seriam discutidos horários, classificação das funções e mínimos de salário; ao nível de empresa, seriam discutidas modalidades de aplicação da disciplina, do pagamento por tarefas, prêmios de produção etc. Em troca, por rediscutirem condições já negociadas em níveis superiores, havia uma cláusula de trégua, por meio da qual o sindicato assumia o compromisso de não promover ações ou reivindicações fora do estabelecido durante o prazo de vigência do Contrato Coletivo de Trabalho. Houve, assim, um aumento da contratação por empresa, paralelamente à nacional, o que levou a uma verdadeira ausência de leis naquele período.

Entendeu-se, todavia, que o efeito da contratação articulada na Itália, a partir de um contrato coletivo nacional, "produziu resultados desastrosos, dada a tendência de serem revisadas, em níveis inferiores de negociação, cláusulas estabelecidas nos níveis superiores. Essa prática acelerou sobremaneira o processo inflacionário, e levou os parceiros sociais e o governo italiano à celebração de um pacto social em janeiro de 1983, destinado a reverter tal situação"[12].

Em 1973, foram presenciadas mudanças na economia e na contratação coletiva devido à crise econômica e à inflação que se desencadearam juntamente com a necessária contenção do custo do trabalho e alteração do perfil da força trabalho. A contratação, naquele período, apenas defenderia o salário da inflação, além de defender os postos de trabalho. Com a crise, foi criado um sistema que permitia ao empregador, em determinadas condições, reduzir o horário de trabalho (sem limite) de seus empregados.

A dureza do impacto do enquadramento prometido pelos acordos empresariais dos anos 70 e depois pelos contratos nacionais de 1973 se "encarrega de esfriar os entusiasmos, principalmente na produção em grandes séries, caracterizadas na maior parte por posições de trabalho desqualificadas e obviamente fungíveis" (TREU e CELLA, 1989). A área de potencial conflito entre os diversos níveis contratação coletiva permanece extensa, seja porque tanto os conteúdos espontâneos da contratação quanto as matérias delegadas se demonstram ainda em larga medida aqueles normativos, destinados à regulação das relações individuais de trabalho[13].

---

(12) MAGANO, Octavio Bueno. Contratação coletiva. In: *Publicação FIESP*, n. 483, 24.11.1992.
(13) TRIONI, Guido. Il sistema del diritto sindicale dalla rappreztanza alla rapprezenatività. *Giornale di Diritto del Lavoro e di Relazioni Industriali*, Roma, v. 8, n. 27, p. 536, 1985.

Ainda de acordo com a legislação italiana, os sindicatos são considerados sujeitos estipulantes dos contratos coletivos de trabalho em relação aos trabalhadores. A Constituição italiana, em seu art. 39, assegura liberdade da organização sindical e o entendimento corrente é o de que essa entidade pode ser ocasional ou estável ou seja, coalização ou sindicato. Ademais, basta que haja uma organização sindical voltada para a defesa dos interesses coletivos para que haja legitimação para contratar coletivamente em nome dos trabalhadores.

Por parte dos empregadores, estes podem contratar isoladamente reunidos em coalizão ou em associações organizadas para a defesa da categoria. Existe a necessidade de outorga de mandato com representação através de filiação à organização ou de outra forma quando se trate de grupo não organizado em associação. Filiando-se ao sindicato, o empregado ou o empregador sujeitam-se à estrutura na qual ele se integra. Nesse sentido, sujeitam-se não só aos contratos coletivos firmados pelas entidades de primeiro grau como também àqueles celebrados em níveis superiores.

Apesar de existir tal necessidade de filiação, observa-se que os empregadores, em regra geral, aplicam os contratos coletivos a que aderem a todos os seus empregados basicamente por duas razões: uma de ordem administrativa, já que seria difícil dirigir a empresa com empregados sujeitos a diferentes regimes; a outra de ordem pragmática, pois agir diversamente seria levar os empregados a sindicalizarem-se, fortalecendo, assim, a organização dos trabalhadores.

O art. 12 do Estatuto dos Trabalhadores estabelece a obrigação dos órgãos inferiores de seguirem a orientação fixada pela Confederação e consultar as instâncias superiores quanto aos termos essenciais das reivindicações e aos relativos às negociações.

A praxe no setor industrial é a contratação em nível nacional, integrada ou sucedida por aquela empresarial mas também por esta influenciada. As entidades menores, CISNAL (Confederazione Italiana Sindacati Nazionali Lavoratori) e CISAL (Confederazione Italiana Sindacati Autonomi Lavoratori), não têm condições de pretenderem negociar isoladamente (salvo na área da administração pública), em razão de sua pouca representatividade.

Já a CGIL (Confederazione Italiana Generale del Lavoro), a CISL (Confederazione Italiana Sindacati Lavoratori) e a UIL (Unione Italiana del Lavoro), confederações consideradas organizações majoritárias na Itália, podem negociar contratos coletivos, dada a reconhecida maioria que expressam (TREU e CELLA, 1989). Quando ocorre conflito de representação, esta se resolve diretamente entre as partes.

É comum que ocorra a intermediação do Ministério do Trabalho e do Ministro, pessoalmente, nas negociações interconfederais, solicitada ou espontânea, mas tal participação oficial é sempre informal e facultativa, no sentido de que as partes podem recusar-se a aceitá-la.

Quando, enfim, as partes chegam a um entendimento, é assinada uma "hipótese de acordo" ou um acordo de renovação, que é submetido à aprovação das assembleias realizadas nas empresas, na qual participam todos os trabalhadores da empresa, sócios ou não dos sindicatos e mesmo aqueles filiados a entidades que não participam da negociação.

Posteriormente, então, é redigido e assinado o contrato coletivo entre as maiores confederações, que servirá de modelo para a assinatura de outros, formalmente diferentes mas com idêntico conteúdo, assinados por sindicalizados não afiliados àquelas três confederações. A forma do contrato coletivo é livre, mas a redação deve ser por escrito. Seu prazo de validade é de geralmente 3 anos. Muitas vezes, é inclusive, assinado depois de vencido tal prazo, pois os sindicatos, às vezes, esperam o momento próprio para renegociá-lo; não existe, entretanto, como no caso brasileiro, a formalidade de um depósito desses contratos junto ao Ministério do Trabalho.

O Estatuto dos Trabalhadores em seu art. 17 veda qualquer forma de interferência patronal no sindicato de empregados visando garantir, assim, sua independência e a efetividade de sua ação reivindicatória. O sindicato que eventualmente sofra tal influência é o chamado "sindicato de cômodo"; não é legitimado a negociar coletivamente, sustentando-se nula tal contratação. Contrariamente ao que ocorreu em outros países, na Itália, os sindicatos, por razão de ordem econômica, social e política, não surgiram na empresa e só posteriormente nela se inseriram.

Pode-se dizer que, hoje, são três os principais níveis de contratação coletiva, que nos últimos 40 anos contribuíram para a realização do atual sistema de relações industriais:

a) *nível de interconfederação* — reservado à regulamentação das disciplinas que, por sua generalidade, interessam a todo o mundo empresarial. Ex.: licença coletiva;

b) *nível nacional* — as próprias categorias estipulam, a cada 4 anos, o contrato coletivo do próprio setor de atividade. Ex.: tabelas mínimas da categoria;

c) *nível de grandes empresas* — não há regras sobre a matéria.

Em relação aos contratos firmados ao nível de empresa, há jurisprudência firmada em relação a empregados não sindicalizados no seguinte sentido: "o empregado que se beneficiou de cláusula do contrato coletivo, não sendo filiado ao sindicato que o subscreveu, participou com a sua omissão, na recepção de suas cláusulas, não podendo, portanto, subtrair-se apenas à aplicação de normas que eventualmente lhe trouxessem alguma desvantagem".

O problema permanece, todavia, em relação aos trabalhadores não sindicalizados. Estes, não tendo se filiado a nenhum sindicato de trabalhadores, não poderiam ser abrangidos pelos contratos coletivos estipulados por aquelas associações. Tal questão é resolvida pela jurisprudência de acordo com o seguinte critério: "a sentença que estende a eficácia do contrato coletivo — independentemente da filiação ao sindicato estipulante — produz efeitos exclusivamente para o trabalhador que figure como parte processo" (PERSIANI, 1994).

A opinião predominante é no sentido de reconhecer o contrato coletivo hierarquicamente subordinado à lei. Na dúvida ou no conflito entre um e outro, aponta-se o que for mais favorável. Outros conflitos se referem a quando um contrato coletivo de menor âmbito de aplicação pode derrogar uma cláusula de um contrato coletivo de nível superior.

Existe até uma teoria que sustenta que, como não há uma norma que estabeleça a prevalência de um contrato coletivo em relação a outro, deve prevalecer o princípio da sucessividade temporal, ou seja, deve prevalecer sempre, independentemente de níveis de contratação ou da condição das cláusulas, o último contrato assinado. Da competência que foi atribuída aos sindicatos para estabelecer condições contratais, decorre, ainda, a prevalência das normas do contrato coletivo em relação ao contrato individual.

Na prática italiana, constituem objeto do contrato coletivo:

— normas referentes ao próprio contrato (duração, divergências, constituição de comissões para sua interpretação, garantias de sua observância);

— normas de tutela de interesses da coletividade/ reconhecimento de ligas operárias, limitação do número de aprendizes (visando a defesa dos postos de trabalho)/ estabelecimento de turnos de trabalho, normas como readmissão de grevistas, não tomada de medidas de represália em razão de greve etc.;

— normas sobre condições de trabalho, de um modo geral, como determinação de horários (turnos), horas-extras, repouso festivo, trabalho diurno e noturno, salário etc.

Assim, a Constituição italiana, em seu art. 36, estabelece que "o trabalhador tem direito a uma retribuição proporcional à quantidade e qualidade de seu trabalho, e em todo caso, suficiente para assegurar-lhe e à família uma existência livre e digna", garantia que nenhuma negociação poderia subtrair-lhe.

Desde 1950, determinava a jurisprudência italiana que cabia ao juiz declarar a nulidade do contratado e fixar-lhe outra que atendesse aquele mínimo, sempre que a retribuição garantida pela Constituição não fosse prevista (por exemplo, pela supressão de um salário mínimo).

Entretanto, a prática do contrato coletivo hoje, na Itália, tem suprido a ausência de um salário mínimo legal e, na ordem prática, promovido a difusão dos mínimos contratados coletivamente. O contrato coletivo pode ser celebrado na forma de pacto com a comissão interna. Nesse caso, tenta se equiparar ao chamado "gentlemen's agreement", destituído de eficácia jurídica, vinculando os empregados representados pela comissão, isto é, os empregados atuais apenas (não obrigando o empregador a cumpri-lo em relação aos novos empregados que admitir no curso da vigência do contrato).

Existem, ainda, algumas leis que estabelecem intervenção do contrato coletivo de empresa com reflexos negativos em contratos individuais, por exemplo a Lei n. 863, de dezembro de 1984, que possibilita a celebração dos chamados "contratos de solidariedade", através dos quais, para combater a desocupação, por exemplo, pode ser estabelecida a redução do horário de trabalho de todo ou de parte do pessoal, com a consequente redução da remuneração paga. Nesse caso, a importância correspondente a 50% da remuneração perdida é paga pela Cassa Integrazione Guadagni (CIG), um órgão de natureza previdenciária cuja participação se dá através de ato do Ministro do Trabalho.

Nesse esteio, o contrato coletivo, como ato de autonomia privada coletiva é, naturalmente, subordinado à lei, onde a sua contrariedade a essa última determina, em regra, a sua nulidade (PERSIANI, 1994). Todavia, observa-se que o modelo flexível de relações trabalhistas italiano atribui cada vez mais frequentemente ao contrato coletivo de trabalho a função de regular *in pejus* (em relação ao trabalho) os contratos individuais de trabalho (MENGONI, 1980).

Em outras palavras, o sistema de fontes em matéria de relações coletivas de trabalho não se assemelha mais a uma harmoniosa pirâmide, em cujo vértice se coloca uma norma estatal inderrogável exclusivamente protetiva e que por isso jamais poderia colidir com uma disciplina coletiva mais favorável (TAMAJO, 1976). Ademais, entre os diversos planos das relações coletivas de trabalho (confederal, nacional de categoria, nível territorial e nível de empresa), não se reconhece mais uma hierarquia fundada no critério de norma mais favorável ao trabalho, uma vez que esta é cada vez mais temperada nas suas específicas aplicações (MAZZONI, 1969).

A chave de leitura de tal fenômeno deve ser a aplicação da teoria do pluralismo jurídico ao ordenamento sindical. Tal teoria não desconhece, naturalmente, o caráter fechado e exclusivo de cada ordenamento jurídico. Todavia, especialmente em relação aos ordenamentos não estatais, evidencia como, independentemente da hipótese de reconhecimento parcial, é sempre possível uma osmose entre a realidade jurídica estatal e aquela não estatal graças "à relatividade e à variabilidade histórica da interpretação" (GIUGNI, 1960).

Quanto ao emprego público, as relações entre o servidor público e o Estado tradicionalmente eram disciplinadas pela lei unilateralmente, aderindo o servidor ao estatuto legal. Os juristas italianos não aceitavam a possibilidade de uma relação contratual entre o servidor e o Estado, principalmente pela proximidade que adviria da eclosão de greve, o que se entendia incompatível com o relevo dos serviços públicos para a coletividade.

Recentemente, o Decreto Legislativo n. 40 de 2006 introduziu o art. 420 bis ao Código de Processo Civil italiano. De acordo com o supracitado artigo, quando, para a definição de uma controvérsia de trabalho, é necessário resolver, de modo prejudicial uma questão referente à eficácia, à validade e à interpretação dos contratos e acordos nacionais de trabalho, o juiz deve decidi-la com uma sentença de mérito (cf. art. 420 bis, § 1º, do Código de Processo Civil), a qual será impugnável mediante recurso à Corte de Cassação (cf. art. 420 bis, § 2º, do Código de Processo Civil). Regra semelhante já existia há algum tempo para o setor do emprego público (cf. art. 64 do Decreto Legislativo n. 165 de 2001).

No sistema de relações de trabalho italiano, qualquer controvérsia de trabalho requer potencialmente a definição preliminar a respeito da interpretação, da eficácia e da validade do contrato coletivo, tendo à vista os conceitos frequentemente indeterminados nele contidos. Um dos critérios para aplicar de modo coerente o art. 420 bis do Código de Processo Civil seria então distinguir as questões prejudiciais cuja definição requer um juízo tanto de direito quanto de fato, daquelas onde seja possível uma avaliação abstrata do ponto de vista jurídico (ou todavia de uma avaliação autônoma em relação ao objeto da demanda), sendo nesse último caso aplicável o supramencionado artigo[14].

3.2.1. Contratação coletiva no setor público

As relações de trabalho com os entes públicos que possuem finalidade lucrativa e com as empresas administradas por outros entes públicos são tradicionalmente submetidas à contratação coletiva de direito comum devido à natureza reconhecidamente privada de tais relações (cf. art. 2.093 do Código Civil italiano e art. 37 do Estatuto dos Trabalhadores). Todavia, as relações de trabalho com o Estado e com a administração direta, marcadas pela prevalência

---

(14) MARAZZA, Marco. L'accertamento pregiudiziale sull'efficacia, validità ed interpretazione dei contratti ed accordi collettivi nazionali. In: *Argomenti di diritto di lavoro*, Padova, v. 4-5, p. 1107, 2006.

do interesse público, eram regidas por atos heterônomos, com exclusão da autonomia individual e coletiva[15].

Todavia os sindicatos de servidores públicos civis, constituídos após a revogação do ordenamento corporativo, buscavam, inclusive, mediante o exercício da greve, obter entendimentos informais sobre o tratamento a ser previsto na legislação estatal. Apenas com a chamada "lei quadro" do emprego público (Lei n. 93, mar. 1983) foi unificada e disciplinada a contratação nos diversos setores do emprego público. Porém, determinadas categorias estão excluídas da incidência da lei, entre elas, a dos magistrados, pessoal de carreira diplomática, a polícia, advogados e procuradores do Estado.

Tais contratos coletivos, todavia, não possuíam eficácia direta. Eles eram destinados exclusivamente a serem recepcionados por meio de decretos do Presidente da República (cf. art. 6º, § 8º). Para que o decreto de recepção fosse eficaz, era necessário que o texto da convenção coletiva fosse aprovado tanto pelo Conselho de Ministros (responsável pela verificação de compatibilidade financeira cf. art. 6º, § 8º e art. 15), quanto pelo Tribunal de Contas (que realizava um controle preventivo cf. art. 6º, § 8º).

A Lei também definia a composição da delegação sindical, que era reservada às confederações majoritariamente representativas e às organizações nacionais de categoria majoritariamente representativa em um dado ramo de atividade (cf. art. 6º, § 4º).

Em seu art. 3º, a lei enumera as matérias que devem ser objeto de acordo entre as partes, ou seja, o regime contributivo, os critérios para a organização do trabalho, o perfil profissional e as funções relativas a cada qualificação funcional, o horário de trabalho e o trabalho extraordinário e os procedimentos de garantia do pessoal. Matérias como licença, férias e critérios para transferência devem ser fixadas mediante um acordo único que vale para todas as unidades de negociação, conforme o art. 12 daquela lei.

Tal lei ainda regula o direito de greve desses servidores. A título de cautela, ela prevê a obrigação do pré-aviso em prazo não inferior a 15 dias, além de medidas que garantam a continuidade dos serviços necessários e assegurem o respeito aos valores constitucionalmente tutelados, entre eles o direito à vida e à segurança.

Com o Decreto Legislativo n. 29 de 1993, foi disposta, salvo algumas exceções (magistrados, advogados públicos, policiais civis, diplomatas, etc., cf. art. 2º, § 4º), a privatização da relação de trabalho com a administração pública. A disciplina de tal relação foi remetida a contratos coletivos com eficácia direta sobre as relações individuais de trabalho (cf. art. 2º, § 3º), com exceção das matérias reservadas à lei e a atos normativos e administrativos.

---

(15) VALLEBONA, Antonio. Istituzioni di diritto del lavoro. In: *Il diritto sindacale*. Torino: Giappichelli, 1998. p. 183-184.

O Tribunal Constitucional[16] claramente refutou a tese sustentada por juízes administrativos, segundo a qual o interesse público impediria a privatização da relação de emprego com a administração pública. Argumentou o Tribunal Constitucional que apenas a organização dos órgãos públicos era reservada à lei e à potestade administrativa (cf. art. 97, § 1º, da Constituição italiana), enquanto que a relação de trabalho pode ser confiada à disciplina privatística, entendida como instrumento de realização da finalidade constitucional do "bom andamento da administração". A busca por tal objetivo, bem como o respeito ao princípio da liberdade sindical, explica a minuciosa regulamentação legal dos aspectos fundamentais da contratação coletiva no setor público, diferentemente do que ocorre na iniciativa privada.

Para representar a administração pública italiana na contratação coletiva de trabalho de nível nacional, foi criada, com personalidade jurídica de direito público, a *Agenzia per la Rappresentanza Negoziale delle Pubbliche Amministrazione* — ARAN (cf. art. 50, § 10, do Decreto Legislativo n. 29/93).

A hipótese de acordo coletivo de trabalho obtida pela ARAN é submetida sucessivamente ao comitê do setor e ao Tribunal de Contas (cf. art. 51, § 3º e art. 51, § 4º, respectivamente, do Decreto Legislativo n. 29/93), que deverão analisar o texto e o ônus financeiro do acordo em relação ao orçamento público. Após o parecer favorável do Tribunal de Contas, o contrato coletivo po-derá finalmente ser assinado pelo presidente da ARAN (cf. art. 51, § 5º, do Decreto Legislativo n. 29/93) e publicado no Diário Oficial (cf. art. 44, 6 do Decreto Legislativo n. 80/98).

As controvérsias promovidas pelos sindicatos, pela ARAN ou pela administração pública em relação ao procedimento de contratação coletiva, incluindo a seleção da parte sindical, devem ser resolvidas pelo juiz do trabalho (cf. art. 68, § 3º do Decreto Legislativo n. 29/93).

A respeito da eleição da parte sindical, observe-se que, enquanto no setor privado, tal matéria é remetida à livre negociação entre as partes, no setor público, ela é regulada pela lei que fixa os critérios aos quais a ARAN deve ater-se a fim de respeitar tanto o princípio da liberdade sindical quanto o bom andamento da administração. O texto original do Decreto Legislativo n. 29/93 atribuía às confederações sindicais majoritariamente representativas no plano nacional tanto a definição da área de abrangência quanto o conteúdo de cada um dos contratos coletivos (cf. art. 45, §§ 5º e 6º). O referendo abrogativo de 1995 e o Decreto Legislativo n. 397/97 não conseguiram reverter essa situação, e o predomínio das confederações sindicais pode esvaziar espaços vitais a sindicatos não filiados a tais confederações, mas fortemente representativos.

Com uma população economicamente ativa estimada em vinte e quatro milhões e sessenta e três mil pessoas[17] e, dentre elas, onze milhões e duzentos

---

(16) Cf. Sentença n. 313, de 25 de julho de 1996, publicada na *Revista Il Foro Italiano*, Roma, v. 1, p. 34, 1997; e Sentença n. 309 de 16 de outubro de 1997, publicada na *Rivista Italiana di Diritto del Lavoro*, Milano, v. 2, p. 33, 1998.

(17) Conforme dados atualizados em 2006. Disponível em: <http://laborsta.ilo.org/cgi-bin/brokerv8.exe> Acesso em: 22.1.2007.

e sessenta e seis mil sindicalizados[18], hoje existe, ainda, na Itália, apesar da flexibilização que se pode verificar em seu sistema legalista de relações de trabalho, um grande questionamento sobre o aprisionamento dos empresários a algumas cláusulas de negociações que já ocorreram há alguns anos, mas que continuam em vigor.

É nesse sentido que críticas como a de *Treu* e *Cella* (1989), vêm sendo feitas ao contrato coletivo na Itália: "O contrato coletivo tornou-se um baú onde são conservadas com ciúmes instituições pertencentes a épocas longínquas; velho e novo se sobrepõem acrescentando vínculos a vínculos sem misturar-se. Exemplo disto é a 'ascensão econômica' por velhice, que é invenção típica da normativa do emprego público nos anos 20, que se traduz na predisposição para consentir aos funcionários em serviço o acesso aos planos superiores da pirâmide retributiva sem que, para melhorar o tratamento deles, se deva proceder a promoções e em seguida a aumentos. Isto enfraqueceu os incentivos à mobilidade dos trabalhadores, premiando o patriotismo empresarial e aprofundou com deslealdade sutil as divisões entre trabalhadores em razão da idade".

3.3. Espanha

Inicialmente, cabe esclarecer que, tal como na Itália, o regime adotado no país é o da pluralidade sindical, prevista nos arts. 7º e 28 da Constituição espanhola. Há vários sindicatos por categoria, ao contrário da Alemanha e países nórdicos, onde, mesmo com a ratificação da Convenção n. 87 da OIT, os sindicatos atuam em regime de unidade sindical[19].

Na Espanha, pode-se dizer que a contratação coletiva em moldes democráticos teve início com a redemocraticação do país, após o fim da ditadura franquista e a promulgação da Constituição de 1978. Todavia, ela passou a ser efetivamente praticada a partir de uma sucessão de negociações quando, às vésperas da grande "crise do petróleo, em 1979, todos discutiam, basicamente, a questão do desemprego naquele país"[20].

Assim, nos chamados "dez anos de conserto", entre 1977 e 1987, houve uma série de pactos, entre eles o "Pacto de Moncloa", negociado a nível nacional. Tal pacto teve como resultados: (i) a limitação de gastos do Estado e destinação desses valores para o emprego; (ii) a contenção de preços; (iii) a

---

(18) Conforme dados atualizados em 2003/2004. Disponível em: <http://www.eiro.eurofound.eu.int/2004/03/update/tn0403105u.html> Acesso em: 22.1.2007.
(19) *Constituição espanhola*. Disponível em: <http://www.constitucion.es/constitucion/castellano/titulo_1.html> Acesso em: 24.2.2007.
(20) CARRION, Valentin. Contrato coletivo de trabalho. In: *Revista Trabalho e Processo*, São Paulo, n. 3, p. 151, dez. 94.

tentativa de dar progressividade ao sistema tributário; (iv) o crescimento de salários; e (iv) o estabelecimento de penalidades sob a forma de corte de importantes benefícios fiscais para empresas que não conseguissem praticar a prevista moderação salarial.

Tais acordos vigoraram por 7 anos, com eficiência e com resultados bastante positivos para a economia como um todo. Exemplo disso foi a baixa na taxa de desemprego observada no final da década de 70, com a queda em 19% de sua taxa para aquele período. Isso porque os trabalhadores passaram a adotar uma política de reivindicação salarial baseada não na inflação passada, mas na previsão adotada pelo governo, o que permitiu, automaticamente, uma recuperação dos excedentes empresariais, com o incremento dos investimentos.

Além disso, naquela época, introduziu-se o conceito de "massa salarial", que representava um sistema de salários e encargos mais próximos dos custos verificados nas empresas.

Em 1981, houve uma volta ao desemprego, o que representou um fator negativo para os sindicatos devido ao alto número de desempregados. Nesse mesmo ano, houve, inclusive, o chamado "Pacto do Medo", diferente dos anteriores, pois o Estado aparecia, então, em condições de igualdade com os sindicatos para poder negociar.

Em 1986, a Espanha incorpora-se à Comunidade Econômica Europeia, o que dá fim aos pactos. O Estatuto dos Trabalhadores dedica seu título III (arts. 82 a 92) à regulação da negociação coletiva e aos convênios coletivos, definidos como "acordos resultantes da negociação entre os representantes dos trabalhadores e dos empresários, adotados livremente em virtude de sua autonomia coletiva".

Também é previsto nesses artigos que os convênios regulados pelo Estatuto obrigam todos os empresários e trabalhadores incluídos em seu âmbito de aplicação, durante todo o tempo de sua vigência, o que não deixa qualquer dúvida sobre o caráter normativo que se atribuiu aos convênios coletivos.

A própria Constituição espanhola, em seu art. 37, garante a força vinculante dos convênios, o que significa dizer que o ordenamento constitucional os reconhece não como um simples contrato, mas, efetivamente, como uma norma jurídica, com as consequências que dela derivam, e, em especial, a impossibilidade de derrogação do convênio por via de contrato individual, o que nos leva, portanto, a interpretá-los como fonte objetiva de direito de trabalho[21].

A Constituição também estabelece que a negociação deve dar-se entre os representantes dos trabalhadores e dos empregadores.

---

(21) FRANCO, Tomás Sala. *Op. cit.*, 1991, p. 147.

Não define, entretanto, o texto constitucional, quem são os agentes negociadores, deixando para o Estatuto dos Trabalhadores a missão de fazê-lo. Todavia, estabelece, de forma bastante clara, que às partes cabe o direito de negociarem os convênios coletivos, sem interferências externas do Estado.

De acordo com os arts. 87 e 88 do Estatuto dos Trabalhadores, as partes "legitimadas" para negociar, ou seja, as partes que reúnam, cada uma de seu lado, uma representação da maioria dos empresários ou dos membros do comitê de empresa ou delegados de pessoal afetados pelo convênio, assim determinadas, conforme o âmbito da negociação:

a) nos convênios em nível de empresa (ou de âmbito inferior): o comitê de empresa, delegados de pessoal ou representações sindicais (se houver e desde que totalizem a maioria dos membros do comitê);

b) nos convênios de âmbito superior aos anteriores: os sindicatos que tenham a condição de mais representativos a nível estatal, assim como em seus respectivos âmbitos, ou que contem com um mínimo de 10% dos membros do comitê de empresa ou dos delegados de pessoal no âmbito geográfico e funcional do convênio. Ainda, as associações empresariais que contem com 10% dos empresários e dos trabalhadores afetados pelo âmbito de aplicação do convênio.

c) nos convênios de âmbito estatal, apenas: os sindicatos de comunidade autônoma que contenham, nesse âmbito, pelo menos 15% dos membros dos comitês de empresa ou delegados de pessoal[22].

Importante, entretanto, é observar que a lei prevê que todo sindicato, Federação ou Confederação sindical e toda associação empresarial que reúna os requisitos de legitimação terá direito a formar parte da comissão negociadora.

Do mesmo modo, o âmbito de assinatura do convênio deve ser respeitado, não podendo propor uma negociação em nível superior, por exemplo, um sindicato ou associação empresarial local ou provincial. E, quanto à hipótese contrária, quando pretenderem promover negociações em níveis inferiores, a solução deverá ser reconhecida nos estatutos internos dos mesmos.

Prevê, ainda, o Estatuto que um ente sindical que não tenha a representação requerida em lei (10%) no âmbito geográfico e funcional a que se refira o convênio, pelo fato de estar afiliado, federado ou confederado a um sindicato que tenha a condição de mais representativo a nível estatal resulta legitimado para formar parte da comissão negociadora do convênio correspondente.

---

(22) *Estatuto dos trabalhadores*. Disponível em: <http://www.inem.es/legis/empleo/rdley1_95.htm> Acesso em: 24.2.2007.

Assim, as coalizações de sindicatos ou associações empresariais minoritárias, ou seja, aquelas que não alcancem 10% ou 15% de representatividade, não possuem legitimação negocial.

Além disso, somente as organizações sindicais e associações patronais mais representativas de âmbito estatal podem estabelecer, mediante acordos interprofissionais ou por convênios coletivos a estrutura da negociação, assim como fixar as regras que hão de resolver os conflitos de concorrência entre convênios de distinto âmbito e os princípios de complementaridade das diversas unidades de negociação, fixando-se sempre nesse último suposto as matérias que não podem ser objeto de negociação em esferas ou âmbitos inferiores.

Observa-se, desse modo, que as rígidas exigências legais de representatividade podem originar, em algumas ocasiões, uma certa impossibilidade de negociar convênios coletivos pela forma prevista pelo Estatuto dos Trabalhadores, principalmente em setores de escassa afiliação ou naqueles em que os sindicatos tenham obtido baixos resultados eleitorais.

Para contornar tal problema, tem sido aventado um outro critério a fim de determinar a representatividade dos sindicatos de trabalhadores — a chamada "audiência sindical", isto é, levando-se em consideração os resultados obtidos nas eleições para delegados de pessoal e membros dos comitês de empresa e não o do número de afiliados ao sindicato.

O critério da audiência sindical, entretanto, pode apresentar pontos de estrangulamento em dois casos:

a) quando observada a elevada porcentagem de empresas que não têm mais de 10 trabalhadores e, portanto, não podem eleger delegados de pessoal;

b) pelo fato de que podem existir candidatos de trabalhadores independentes com bons resultados eleitorais, mas que não foram computados para efeito de representatividade na hora de negociar convênios supra-empresariais.

Percebe-se, também, que a lei prevê a existência de uma dupla atribuição de legitimidade: ao comitê de empresa e delegados de pessoal de um lado e às representações sindicais, de outro, com caráter alternativo entre elas. Mas o empresário é livre juridicamente para aceitar um interlocutor ou outro (naturalmente, sempre será possível o acordo entre ambos — comitês ou delegados e representantes sindicais de empresa — para decidir quem negocia no caso concreto).

Entretanto, mais recentemente, os tribunais têm declarado a nulidade dos convênios coletivos assinados exclusivamente pelos membros do comitê de empresa que tenham sido eleitos pelo colégio eleitoral correspondente às categorias para as quais deveriam aplicar-se. Isso porque o comitê é um órgão colegiado, que deve adotar suas decisões pela maioria.

Desse modo, conforme se depreende do exposto quanto à estrutura sindical, na Espanha podem representar os trabalhadores não apenas os sindicatos (com liberdade sindical, depois de 1981), mas também os delegados de pessoal e os comitês de empresa, cujos membros podem ser sindicalizados ou não e, portanto, podem ser independentes dos sindicatos.

O que desperta a atenção para os comitês de empresa, no caso espanhol, é que sua intenção democrática é tamanha que lhes foi imposta como condição para a sua existência a necessidade de que contem com representantes das três grandes centrais sindicais espanholas.[23]

Importante observar que, no que se refere aos sujeitos da negociação coletiva de trabalho, o Estatuto dos Trabalhadores superou a tese segundo a qual o mero reconhecimento e a simples garantia negativa da liberdade sindical bastariam para que os sindicatos e os empresários atuassem como forças compensadoras. Assim, o Estatuto dos Trabalhadores adotou uma valorização positiva do fenômeno sindical, atribuindo, em um primeiro momento, aos representantes dos trabalhadores e, posteriormente e com mais intensidade, aos sindicatos mais representativos, uma série de mecanismos técnicos e jurídicos capazes de tornar mais efetiva a representação e a defesa dos interesses sociais e econômicos que lhes são próprios (UGUINA, 1994).

O Estatuto dos Trabalhadores também impõe o dever de negociar à parte receptora da comunicação de iniciação de negociações (art. 89), estabelecendo apenas duas causas excludentes de tal dever:

a) existência de cláusula legal ou convencionalmente estabelecida, entendida como a falta de legitimidade da parte promotora ou receptora ou, ainda, a não comunicação em forma escrita de iniciação e negociações;

b) quando não se trate de revisar um convênio já vencido, sem prejuízo do estabelecido nos arts. 83 e 84.

Em qualquer uma das duas situações acima descritas, a parte deverá responder por escrito e motivadamente.

Os convênios devem expressar necessariamente:

— a determinação das partes que o negociam;

— o âmbito pessoal, funcional, territorial e temporal de aplicação do convênio;

---

(23) PICARDI, José de Freitas. Entrevista realizada em abr. 95.

— a forma, condições e prazo de preaviso da denúncia do mesmo;

— a obrigação de designar uma comissão paritária que deverá estabelecer-se em todos os "Convênios Marco" que se pactuem[24].

Tais comissões paritárias da representação das partes negociadoras podem ter funções de mediação, conciliação e arbitragem voluntárias em caso de conflito coletivo ou de conflito individual, nessa última hipótese desde que as partes expressamente se submetam ao procedimento estabelecido pela comissão (cf. art. 91 do Estatuto dos Trabalhadores).

O funcionamento interno da comissão paritária não vem expresso na lei e nada impede que o próprio convênio o regule. Quando tal não suceder serão de aplicação suplementar as normas do Estatuto que regulam o funcionamento interno da comissão negociadora (nomeação de presidente e assessores, princípio de boa-fé na atuação e decisões tomadas pela maioria de 60% de cada uma das representações).

Sobre o conteúdo da negociação, é certo que devem respeitar os mínimos de direitos previstos em lei (ordinária e constitucional), devendo absorver todas as questões que afetem as relações de trabalho e que sejam disponíveis pelas partes negociadoras, entre elas: a duração do convênio, níveis de negociação, procedimento para negociar, etc. Nesse sentido, a negociação coletiva de trabalho admite um duplo papel na solução da conflitividade das relações de trabalho: é um meio em si mesmo idôneo para solucionar os conflitos de trabalho e um instrumento jurídico para o desenho de procedimentos extrajudiciais de composição de conflitos de trabalho (FRANCO e MELLADO, 1996).

O conteúdo material possível do convênio coletivo vem enumerado no art. 85 do Estatuto:

a) as condições que afetem as relações individuais de trabalho (matérias de índole trabalhista), tais como salários, promoções, jornadas de trabalho, transferências, horas-extras, férias, descanso semanal etc.;

b) as condições que afetem as relações coletivas (matérias de índole sindical e, em geral, que afetem o âmbito de relações dos trabalhadores e suas organizações representativas com o empresário e as associações empresariais), tais como garantia dos representantes legais dos trabalhadores, mecanismos de participação na gestão de trabalhadores ou ampliação dos direitos das seções sindicais da empresa;

c) matérias de seguridade social;

---

(24) *Convênios Marco* são aqueles que determinam as condições da negociação coletiva.

d) aspectos relativos à atuação econômica da empresa que tenham repercussão sobre as condições de trabalho (matérias de índole econômica). Nesse caso os convênios podem incluir cláusulas de natureza obrigacional, tendentes a garantir a eficácia do convênio mediante a imposição de direitos e obrigações às partes contratantes.

A partir de 1981, criou-se um registro central de convênios coletivos na Direção Geral do Trabalho e um registro nas direções provinciais e Comunidades Autônomas, onde deve, obrigatoriamente, ser apresentado o texto do convênio.

É importante observar que a lei espanhola estabelece a prevalência do princípio "pacta sunt servanda" e a consequente impossibilidade, por exemplo, de que uma greve durante a vigência do convênio possa vir a alterar o pactuado, salvo, é claro, se tiver havido mudança das circunstâncias subjetivas que precederam a negociação.

Ainda, deve-se declarar a nulidade do convênio no caso em que se pretenda negociar, por exemplo, um convênio de empresa durante a vigência de um convênio nacional ou um convênio intersetorial posterior a um convênio nacional do setor. O que não cabe, portanto, é um outro convênio coletivo sobre a mesma matéria em um âmbito territorial inferior sujeito às normas do Estatuto.

Finalmente, existe, no direito espanhol, a faculdade de "extensão dos convênios coletivos" concedida ao Ministério do Trabalho (art. 92 do Estatuto dos Trabalhadores), o que significa a persistência de um certo intervencionismo estatal (ainda que atenuado), de natureza excepcional e justificada.

Justifica-se a finalidade da extensão dos convênios coletivos quando da ocorrência de uma das duas situações: a existência de uma especial dificuldade para a negociação ou a existência de circunstâncias sociais e econômicas de notória importância no âmbito afetado.

No direito comparado, é possível distinguir dois tipos de extensão dos convênios coletivos: de um lado, a extensão da eficácia pessoal do convênio àqueles trabalhadores e empresários não representados pelas partes contratantes, do outro lado, a extensão do âmbito territorial ou funcional do convênio. O primeiro tipo é o mais frequente e resulta em um convênio de eficácia *erga omnes*.

Junto a essa faculdade de extensão do Ministério do Trabalho, estabelece-se, ainda, a possibilidade de o governo regular as condições de trabalho por ramo de atividade para os setores econômicos e demarcações territoriais em que não exista convênio coletivo, representando as duas únicas possibilidades de intervenção governamental no plano das relações de trabalho, somadas à função residual que cumprem as "Ordenanças ou Regulamentações de Trabalho" atualmente em vigor, enquanto não sejam substituídas por convênios coletivos ou derrogadas pelo Ministério do Trabalho.

Quanto à estrutura da negociação, em geral, são estabelecidas por categorias do mesmo setor econômico, embora existam, também, tanto na Itália como na Espanha, contratos inter-setoriais, inclusive com objetivos macroeconômicos traçados. Devido à própria complexidade e amplitude dos interesses presentes nas relações de trabalho, a negociação coletiva de trabalho se de-senvolve em diversos níveis de contratação, a serem livremente definidos pelos sujeitos das relações coletivas de trabalho (FERNANDEZ, 2000).

Os convênios devem prever o âmbito da negociação, que poderá ser funcional, quando identifica o ramo, setor ou subsetor da atividade econômica, ou, ainda, a empresa a que se aplica o convênio, e o âmbito territorial, que diz respeito ao espaço geográfico no qual prevalecerá o pactuado (estatal, de Comunidade Autônoma, interprovincial, comarcal ou local).

Também podem prever sobre o âmbito pessoal, que se refere não à aplicação parcial ou geral do convênio, em razão da afiliação ou não ao sindicato, mas sim, a categorias profissionais existentes em uma empresa.

Em seu art. 83, item 2, o Estatuto dos Trabalhadores reconhece a figura do "Convênio Marco" como aquele que determina as condições da negociação coletiva de trabalho, a estrutura da negociação coletiva, as regras de solução de conflitos de concorrência entre dois convênios de âmbito distinto e os critérios de complementaridade entre diversas unidades de contratação.

Existem dois tipos de Convênios Marco:

a) os que só regulam aspectos procedimentais que afetem a negociação de futuros convênios;

b) aqueles que, ao mesmo tempo em que estabelecem regras para a negociação de convênios de âmbito inferior, regulam condições de trabalho aplicáveis diretamente em seu âmbito correspondente.

Esses Convênios Marco deverão ter necessariamente um âmbito territorial estatal ou de Comunidade Autônoma, não podendo ser celebrados em níveis geográficos mais reduzidos. Estão legitimados para negociá-los as organizações sindicais e associações patronais mais representativas.

Importante observar que a Lei n. 11/94 (lei de reforma do mercado de trabalho) promoveu uma importante alteração no art. 84 do Estatuto dos Trabalhadores. Tal mudança como que tornou letra morta o art. 83, item 2, do Estatuto dos Trabalhadores, na medida em que, de acordo com a atual redação do art. 84, item 2, reforçou-se o papel do Estado como regulador do mercado de trabalho, o que não colabora para que tal função regulamentar seja tomada de modo real e efetivo pela autonomia privada coletiva[25].

---

(25) DAL-RÉ, Fernando Valdes. Notas sobre la reforma del marco legal de la estructura de la negociación colectiva. In: *Relaciones Laborales*. Madrid, v. 1, 1995. p. 285-289.

Ademais, com a reforma de 1994, os problemas de relação entre normas, não apenas com o ordenamento estatal, mas também dentro do ordenamento negociado, tornaram-se mais complexos, na medida em que as novas regras sobre estrutura e função da negociação coletiva de trabalho admitem situações de concorrência conflitiva entre convênios coletivos de diferentes âmbitos e colocam à disposição de tais convênios novas competências regulatórias[26].

Outro tipo de convênio previsto é o chamado "convênio de franja", aplicável a um grupo de trabalhadores caracterizados por pertencerem horizontalmente a um mesmo grupo, categoria profissional ou posto de trabalho, ou por possuir uma mesma titulação profissional (é o caso, por exemplo, de um convênio coletivo para o pessoal de voo de uma determinada companhia aérea) ou por pertencer a uma mesma seção ou departamento.

A duração dos convênios coletivos, no caso espanhol, vem fixada pelas partes negociadoras, não estabelecendo a lei uma duração mínima. Mas, diante da ausência de denúncia, o convênio se prorroga automaticamente por um ano e, sucessivamente, de ano em ano.

Finalmente, pode-se dizer que a Espanha, hoje, é caracterizada pela existência de uma grande quantidade de contratos (ou convênios coletivos, como são denominados no país), totalizando 4.167 deles em 2005[27], o que significa a cobertura de cerca de 81% dos trabalhadores[28] por aqueles instrumentos, reduzindo o número de greves e permitindo uma melhoria do ponto de vista social, com a redução da jornada de trabalho e o aumento dos direitos sindicais.

3.4. ALEMANHA

A negociação coletiva de trabalho é uma antiga tradição na Alemanha, desenvolvida muito mais pelos sujeitos das relações coletivas de trabalho do que pela legislação. Já em 1873 os sindicatos dos tipógrafos e a associação dos empregadores nas empresas tipográficas concordaram que: (i) os trabalhadores sindicalizados deveriam ser contratados pelos membros da associação apenas sob as condições estipuladas pelos dois grupos organizados em contrato (*Tarifvertrag*); (ii) os trabalhadores sindicalizados deveriam ter preferência na contratação[29]. Assim, antes mesmo de entrar em vigor o

---

(26) BAAMONDE, Maria Emília Casas. La estructura de la negociación colectiva y las nuevas reglas sobre competencias y concurrencia de los convenios colectivos. In: *Relaciones Laborales*, Madrid, v. 17/18, 1994. p. 285.
(27) De acordo com dados obtidos em: <http://eurofound.europa.eu/eiro/country/spain_4.html> Acesso em: 24.2.2007.
(28) De acordo com dados obtidos em: <http://eurofound.europa.eu/eiro/country/spain_1.html> Acesso em: 24.2.2007.
(29) KRONSTEIN, Heinrich. Collective bargaining in Germany: before 1933 and after 1945. In: *The American journal of comparative law*. New York, v.1, n.3, p. 199, jul./sep. 1952.

BGB⁽³⁰⁾, em 1º de janeiro de 1900, já existiam na Alemanha 1900 convenções coletivas de trabalho. Elas, no início, padeceram de alguns problemas, entre eles o fato de sua vigência não ser incondicional.

Alguns contratos coletivos de trabalho tinham cláusulas contrárias à convenção maior, e a obediência ao Contrato Coletivo de Trabalho ficava sujeita ao prestígio e à influência da associação profissional sobre seus associados. Portanto, a aceitação das cláusulas ficava como uma sugestão e não como um dever jurídico, além da possível injustiça diante da não extensão de suas cláusulas aos trabalhadores, o que facilitava a concorrência desleal (SILVA, 1981).

Em 1918, a convenção coletiva de trabalho recebeu o seu primeiro tratamento legislativo que estabeleceu o efeito incondicional e obrigatório de suas normas nos contratos individuais de trabalho. Em 11 de agosto de 1919, promulgou-se a Constituição de Weimar que, pela primeira vez na Europa, elevou a status constitucional os direitos básicos dos trabalhadores, dentre os quais o direito à negociação coletiva de trabalho (cf. art. 159 da Constituição de Weimar)⁽³¹⁾.

Entre os anos 20 e 30 na Alemanha, houve a previsão de arbitragem obrigatória, que possibilitava a intervenção do Estado nas relações de trabalho. Isso levou os trabalhadores a uma série de conflitos. Os alemães logo reagiram àquela situação por meio da celebração de uma série de negociações entre empregados e empregadores.

Com o nazismo, a partir de 1934, as convenções coletivas de trabalho foram proibidas e privadas de seus elementos fundamentais. A classe trabalhadora transformara-se em uma população passiva nas empresas, manipulada unicamente de acordo com os interesses ideológicos do novo regime.

Depois da Segunda Guerra Mundial, os alemães passaram a conviver com a atuação das associações profissionais que, agindo influentemente no mundo social, passaram a atuar também no conteúdo das relações individuais de trabalho, fixando normas mais favoráveis ao empregado. É a partir daí, então, que surgem as convenções coletivas de trabalho, com o peso que hoje têm naquele país.

Atualmente, o art. 9º, item III, da Constituição Federal alemã garante a liberdade de trabalhadores e empregadores individualmente considerados se organizarem para a defesa e promoção de seus interesses. Mas tal liberdade seria inútil se as organizações dela resultantes e suas atividades também não fossem protegidas pela Constituição. Uma das principais atividades das organizações de empregadores e dos sindicatos é a negociação coletiva de

---

(30) *Bürgerliches Gesetzbuch* (Código Civil alemão).
(31) Constituição de Weimar de 1919. Disponível em: <http://www.zum.de/psm/weimar/weimar_vve.php#First%20Chapter%20:%20The%20Individual.> Acesso em: 11.4.2007.

trabalho. Dessa forma, aceita-se que o art. 9º, item III também garante, de modo indireto, um sistema de livre negociação coletiva de trabalho, visto como um procedimento no qual a liberdade de associação individual pode exercer um papel importante na prática das relações de trabalho[32].

Nenhuma empresa poderá furtar-se à negociação coletiva de trabalho. Cabe-lhe, unicamente a opção de tornar-se competente para negociar ou, de outro modo, agrupar-se em instituições de grau superior, declarando-se estatutariamente incompetente para, como unidade, firmar convenção coletiva de trabalho. Tal princípio sofre alguma tolerância apenas quanto aos pequenos empregadores, que não dispõem de nenhuma força no plano coletivo e que por isso nem sempre estão sujeitos a uma contratação coletiva obrigatória.

Segundo a atual lei de convenção coletiva de trabalho, que é federal e data de 1975, podem fazer parte de uma convenção: os sindicatos, o empregador isolado, a categoria econômica representante do empregador e as organizações sindicais superiores (compostas pelos 14 sindicatos mais representativos da Alemanha)[33].

Sindicalizar-se, na Alemanha, é um direito e não um dever, o que significa dizer que o direito de associação é livre, ao contrário do que prevê a Constituição Federal brasileira de 1988, que concede ao empregado a singela opção de filiar-se ou não ao sindicato de sua categoria profissional. Na Alemanha, os sindicatos e as associações profissionais de empregadores organizam-se segundo o princípio da atividade industrial pelo qual a cada grupo de trabalhadores ocupados em uma indústria ou empresa deve, em princípio, corresponder um sindicato. A Alemanha ratificou a Convenção n. 87 da OIT, sendo que se observa a unidade sindical, de acordo com a vontade da maioria dos trabalhadores. A legislação garante "a qualquer um e em quaisquer profissões ser permitido fundar associações para a defesa e fomento das condições econômicas de trabalho". Acordos que limitem ou pretendam impedir esses direitos deverão ser considerados nulos.

Pelo critério industrial para a formação de sindicatos, leva-se em conta a empresa como unidade de produção, a ela devendo corresponder um sindicato, independentemente da profissão dos trabalhadores ali empregados. São os chamados *industrie gewerkschaften*, que correspondem à ideia de "a cada empresa um sindicato"[34].

---

(32) WEISS, Manfred. The interface between constitution and labor law in Germany. In: *Comparative Labor Law and Policy Journal*, Champaign, v. 26, n. 2, p. 184. abr./jun. 2005.
(33) CARRION, Valentin. Contrato coletivo de trabalho. In: *Revista Trabalho e Processo*, São Paulo, n. 3, dez. 94. p. 151.
(34) WEISS, Manfred. *Institutional forms of workers' participation with special reference to the federal republic of Germany*. 7th World Congress. Hamburg: International Industrial Relations, 1986. p. 3.

Tal critério de organização se desenvolveu somente depois da 2ª guerra mundial, dando vazão à chamada "liga sindical alemã", que nada mais é do que uma instituição superior composta pela organização de tais sindicatos.

Dentro dessa estrutura organizativa, vê-se que os sindicatos alemães não têm uma base territorial definida. É verdade que o começo da formação sindical e dos sindicatos foi essencialmente local: para cada indústria seria fundado um sindicato. Daí por que as próprias convenções coletivas de trabalho devem definir seus limites de vigência e seu alcance[35].

São pressupostos para que haja o direito de coalizão, ou seja, para que haja o sindicato e uma associação de empregadores com capacidade de direito coletivo do trabalho:

a) a união livre dos empregados e empregadores, isto é não pode ser estatal nem subvencionada diretamente pelos poderes públicos;

b) deve organizar-se de forma coletiva com um número razoável de participantes, órgãos de representação e organização interna;

c) deve ser uma união com fins definidos, entre eles a defesa e o fomento das condições de trabalho, além dos objetivos econômicos (todos previstos pelo art. 9º da Lei Fundamental);

d) deve tratar-se de associação que compreenda empresas, pois uma empresa apenas não seria pressuposto suficiente para a constituição de uma associação profissional (a empresa até tem capacidade convencional, mas sozinha não poderia ser entendida como uma associação profissional).

As associações profissionais no momento em que se transformam e passam a atuar como sindicatos, receberam no direito alemão o nome de coalização (*Koalition*), o qual se refere tanto aos sindicatos dos empregados como aos sindicatos dos empregadores, pessoas jurídicas que são, agindo como sujeitos de direito aptos a firmarem convenção coletiva de trabalho.

Ao contrário do Brasil, na Alemanha não existem sindicatos patronais. Os empregadores estão reunidos em associações e federações, sendo a principal delas a Confederação das Entidades Patronais Alemãs (BDA), além da Confederação da Indústria Alemã (BDI). Essas associações, assim como a Confederação dos Sindicatos Alemães (DGB,)não negociam acordos e contratos coletivos de trabalho, apenas se concentram na defesa dos interesses da classe e reúnem 80% de filiados. Assim, no caso da associação de empregadores, não se usa o termo sindicato, mas sim a expressão *Arbeitgeberverband*[36]. A expressão

---
(35) ZWANZIGER, Bertram. Collective labor law in a changing environment: aspect of the German experience. *Comparative Labor Law and Policy Journal*, Champaign, v. 26, n. 2, p. 3, maio/jul. 2005.
(36) *Verband* = associação, liga.

sindicato aplica-se, na Alemanha, apenas à associação profissional organizada de empregados. Lá, os sindicatos são conhecidos como *Gewerkschaf*[37].

Apesar da situação de participação e influência dos trabalhadores na determinação de suas condições de trabalho ser bastante diferente do que ocorre no Brasil e, em que pese o fato de a DGB (que abriga 8 sindicatos) representar cerca de 20% da população economicamente ativa do país, o que se verifica nos últimos anos é uma evasão de sindicalizados, ainda que os sindicatos venham investindo fortemente em campanhas de filiação.

Mesmo assim, a Alemanha dispõe de grandes organizações sindicais, como é o caso do VERDI, fundado em 2001, como resultado da fusão de 5 sindicatos, que responde por 35% dos filiados à DGB, ligados ao setor de serviços (bancários, comerciantes, securitários, jornalistas, radialistas, gráficos e servidores públicos), quer público ou privado. O segundo maior sindicato, que teve início em 1981, com a fundação do Sindicato dos Metalúrgicos, é o IG Metall, responsável por 34,3% dos filiados à DGB e que recebeu filiados ligados não apenas ao setor metalúrgico, mas ainda dos trabalhadores da indústria de tecelagem, de confecções, da indústria madeireira e de plásticos. Também merece destaque a Federação Alemã dos Servidores Públicos (DBB), que reúne 39 sindicatos e representa 1,2 milhões de trabalhadores. Vale destacar, ainda, que somente os sindicatos conduzem as negociações salariais e convocam greves, papéis que não podem ser representados pelas federações.

As associações sindicais de grau superior chamadas *Spitzenorganizationen* são reuniões de sindicatos ou de associações de empregadores, segundo os critérios do princípio industrial, profissional ou misto e de âmbito municipal, estadual e federal. Para formar uma associação superior é necessário que todos os sindicatos e associações de empregados que dela participem sejam também convencionalmente capazes de negociar.

Em nível de empresas, os chamados órgãos de representação procuram tomar parte na condução da gestão da empresa (cogestão), devendo ser estabelecidos os limites dentro dos quais a liberdade de decisão do empregador quanto à organização do trabalho, estruturação do pessoal e quanto a certos assuntos de natureza econômica pode ser fiscalizada ou influenciada pelos trabalhadores.

Assim, aos empregados é garantida uma efetiva participação na vida da empresa por meio do seu órgão básico de representação que é o conselho de empresa, chamado *Betriebsrat*, cuja competência deve ser estabelecida pela convenção coletiva de trabalho. Dos países analisados, o caso alemão é o único em que o conselho de empresa atua conjuntamente com o empregador na gestão da empresa.

---

(37) SILVA, Antônio àlvares da. *Op. cit.*, p. 38.

É fato que os trabalhadores alemães ganharam, ao longo dos anos, poder e influência na esfera das negociações sindicais, mormente se considerado, por exemplo, o direito de co-gestão nas empresas, com a participação dos trabalhadores nas decisões internas de seus empregadores.

Esse direito foi regulado pelo Estatuto das empresas, legislação aprovada em 1972, que também dispõe sobre o direito de informação e consulta de cada trabalhador, dentro de sua organização. E, dentre as questões que precisam da participação da comissão de empregados estão a definição ou mudança do horário de trabalho, a redução ou ampliação de jornada de trabalho, a regulamentação de férias, a política e medidas de prevenção contra acidentes e doenças do trabalho e a instalação de meios técnicos para controlar o comportamento e desempenho desejado dos empregados.

O referido Estatuto também regula o direito de participação dos trabalhadores no planejamento e organização do local de trabalho, no processo produtivo e nas políticas de recursos humanos da empresa. E, neste ponto, a participação dos empregados é tão forte que nenhum outro empregado pode ser dispensado da empresa sem que seja dado um parecer prévio da comissão de empregados. Também a admissão ou destituição de diretores recebe parecer dessa comissão, o que se justifica pelas políticas de investimentos a serem adotadas pela cúpula da organização e que possam afetar a vida e rotina dos empregados nas organizações.

Dessa forma, o sistema de co-gestão suplementa o processo de negociação coletiva de trabalho que é realizado a nível regional e por ramo industrial, traçando regras e procedimentos das relações de trabalho em nível de fábrica, lado a lado com as decisões gerenciais[38].

De maneira geral, pode-se dizer que a cogestão ocorre em dois níveis:

a) na fábrica, por meio das comissões de fábrica;

b) em nível de cúpula da organização, por meio da participação dos membros representantes dos empregados nos conselhos de gerência da empresa.

O modelo de gestão de empresa na Alemanha pode ser traduzido em uma pequena comparação: "a produção pode ser comparada a um bolo. Para sua divisão existem dois métodos. O primeiro método é o conflito, quando cada um procura pegar a maior fatia possível antes mesmo de o bolo estar assado; o segundo método é o da cooperação, quando todos aguardam que o bolo esteja assado, que cresceu o mais possível, permitindo que cada um receba uma porção maior"[39]. Essa consciência reflete sucesso e produtividade econômica por meio da participação dos empregados na gestão da empresa.

---

(38) FITZROY, Felix R.; KRAFT, Kornelius. Co-Determination, Efficiency, and Productivity. *IZA Discussion Paper* n. 1.442, dez. 2004. p. 6- 7. Disponível em: <http://ssrn.com/abstract=643645> Acesso em: 11.4.2004.
(39) SCHLOTFELDT, Walter. Gerente de pessoal da GM da Alemanha. In: A busca de novos caminhos nas relações de trabalho. *International Conference on Trade Unionism*.

Há leis especiais que regulam o sistema de co-gestão a nível de fábrica. Nesse caso, a lei distingue vários tipos de participação, sendo o mais forte o que determina que a gerência necessita do consentimento da comissão de fábrica antes de tomar qualquer decisão, podendo, inclusive, vetar qualquer decisão da gerência. Também tem direito a consultas e a informações sobre a empresa no que afete direta ou indiretamente os trabalhadores da fábrica.

Existem fortes críticas ao sistema de co-gestão, na medida em que ele pode, inclusive, alterar a posição dos próprios trabalhadores. Nesse sentido: "o sistema de co-gestão, ao atacar os privilégios do empresário, altera igualmente a posição dos trabalhadores, afetando assim o Direito do Trabalho tradicional, enquanto a co-gestão: a) reduz a possibilidade de oposição sindical a uma política empresarial de consenso; b) reduz o campo da negociação coletiva e limita a possibilidade de exercício do direito de greve" (CARUANA, 1991).

Lá, as comissões de fábrica, criadas em 1972, representam os empregados e negociam a forma de cooperação com a empresa. A comissão, cujos membros são eleitos por um período de 3 anos, não pode decretar a greve e independe dos sindicatos, embora 3/4 de seus membros pertençam aos seus quadros. Ainda assim, têm poder de veto sobre algumas decisões, embora não possam negociar salários, pois estes são regulados por lei, mas são responsáveis pela fiscalização da aplicação dessas leis.

Existe hoje uma legislação para a constituição de empresas que obriga que as empresas com mais de cinco empregados tenham um conselho de fábrica eleito, se os trabalhadores assim desejarem, o que não pode ser impedido pelo empregador. Assim, em princípio, toda empresa média ou grande teria um conselho de fábrica, que precisa ser consultado e precisa participar das decisões, por força de lei. Os conselhos são incorporados ao sistema de negociação coletiva de trabalho alemão de duas formas: de um lado, eles aumentam a confiança e a cooperação e fornecem um mecanismo para negociar práticas que aumentem a produtividade no trabalho. De outro, os conselhos podem usar os seus direitos de co-gestão para retardar decisões se o empregador e os trabalhadores falharem em obter um acordo[40].

Todos os empregados elegem os membros da comissão de fábrica e participam da eleição independentemente de serem ou não associados ao sindicato. Isso porque as comissões de fábrica não são agentes do sindicato na fábrica. Podem ser mais ou menos influenciadas pelo sindicato, sendo deles completamente independentes. Tais membros somente poderão ser despedidos no caso de falta grave apurada judicialmente.

---

(40) HÜBLER, Olaf; JIRJAHN, Uwe. Works councils and collective bargaining in Germany: the impact on productivity and wages, jul. 2001. *IZA Discussion Paper* n. 322. Disponível em: <http://ssrn.com/abstract=276511> Acesso em: 9.4.2007.

Desse modo, a empresa não pode agir sem o prévio aval da comissão de fábrica, principalmente diante de questões sociais e matérias horas-extras, redução de jornada de trabalho, planejamento de férias, remuneração por incentivo, etc. Ainda, nos assuntos de pessoal, como admissões, transferências, desligamentos, a comissão de fábrica possui poder de veto. Quanto a questões de organização do trabalho e desenvolvimento dos empregados, a comissão tem direito à consulta, veto e, em alguns casos, à co-decisão, o que faz com que a comissão de fábrica seja uma das áreas mais bem informadas sobre a situação econômica e financeira da empresa.

A contrapartida estabelecida em lei é que nenhuma comissão de fábrica pode, em nenhuma circunstância, decretar uma greve como forma de pressão às suas reivindicações. Isso somente pode ser utilizado em caso de uma negociação coletiva de trabalho, partindo das partes negociadoras e, mesmo assim, como última medida.

No caso de a empresa e a comissão de fábrica não chegarem a um entendimento sobre determinado assunto sujeito à co-decisão, as partes devem formar um "comitê de arbitragem", que será presidido por uma pessoa neutra e que decidirá a pendência de forma definitiva, o que faz com que as partes apelem para a arbitragem apenas em último recurso.

E, caso não haja consenso e se ainda estiverem insatisfeitas com a decisão do comitê de arbitragem, as partes poderão recorrer ao Tribunal do Trabalho para que este tome uma decisão por elas, embora o Tribunal tenha um poder limitado frente a essas disputas trabalhistas.

Apesar de a lei prever o comitê de empresa para empresas com mais de 5 empregados, o que se tem notado, desde a década de 1990 na Alemanha, é o fato de que empresas com 5 a 50 trabalhadores, em sua grande maioria, carecem desses comitês, parecendo que apenas as grandes empresas cumprem a lei fielmente[41].

Pode ser observada, ainda, uma relação estreita entre os sindicatos e os comitês de empresa, o que parece superar a separação que lhes foi imposta pela lei. Isso porque cerca de 80% dos membros dos comitês de empresa são, ao mesmo tempo, sócios dos sindicatos e, em muitos casos, são também funcionários dos sindicatos. Além disso, os programas de formação dos membros dos comitês de empresa são dirigidos exclusivamente pelos sindicatos.

Existem ainda, na Alemanha, os chamados homens e mulheres de con-fiança. "Informalmente em alguns ramos e especialmente em grandes empresas, os sindicatos tem os seus assim-chamados 'homens e mulheres de confiança' dentro da fábrica, os quais, em alguns casos são nomeados pelo

---

(41) WEISS, Manfred. *Institutional forms of workers' participation with special reference to the federal republic of Germany*. 7th World Congress. Hamburgo: International Industrial Relations Association, 1986. p. 10.

sindicato e em outros casos são eleitos pelos trabalhadores sindicalizados do estabelecimento. Esses representantes sindicais supostamente são o elo de comunicação entre os trabalhadores sindicalizados e a administração do sindicato"[42].

Sendo a convenção coletiva de trabalho considerada fonte de direito, ela concorre juntamente com a lei para a fixação dos contratos coletivos. Convenções e leis são as principais fontes das obrigações de direito que constituem o direito do trabalho naquele país. Por essa razão, prevê o art. 611 do BGB que a relação de emprego, na Alemanha, tem base contratual e deve ser entendida como uma área jurídica privada e individual.

Ainda assim, as leis imperativas prevalecem sobre as convenções coletivas de trabalho, quando em confronto com estas, uma vez que os particulares não podem modificar os valores que o Estado considera fundamentais e irrenunciáveis.

Pelo art. 1º da Lei de convenção coletiva de trabalho (*tarifvertragsgesestz* — TVG)[43], a convenção coletiva de trabalho regulamenta os direitos e deveres entre as partes signatárias e contém regras jurídicas que podem ordenar o conteúdo, a conclusão e a terminação da relação de trabalho, bem como questões que dizem respeito à empresa e à sua constituição jurídica.

Além daquelas cláusulas, outras podem ser regulamentadas pela convenção coletiva de trabalho, tais como moradia, pagamento de férias para aperfeiçoamento profissional, formação de pecúlio, etc., que não são propriamente questões do direito de trabalho, mas são assuntos inerentes ao trabalho.

Ainda, os seguintes temas fazem parte do conteúdo da negociação coletiva de trabalho:

— regras sobre o trabalho: regime retributivo, os critérios para a organização do trabalho, o perfil profissional e as funções relativas a cada qualificação profissional, o horário de trabalho e o trabalho extraordinário e os procedimentos de garantia do pessoal, licenças, férias, critérios para transferência, o melhoramento das condições de trabalho da empresa, instituições ou caixas para suprir as necessidades do empregado, colônia de férias, cursos de aperfeiçoamento, ampliação dos prazos de aviso prévio, interpretação de artigos da lei de maneira mais favorável ao trabalhador da categoria, regras mais brandas para dispensa etc.;

— regras de proteção à associação profissional: cláusulas em que o empregador fica obrigado a não contratar empregados que não estejam filiados aos sindicatos ou, ainda, que concedam certas vantagens

---
(42) WEISS, Manfred. *Op. cit.*, p. 8.
(43) Disponível em: <http://bundesrecht.juris.de/tvg/BJNR700550949.html> Acesso em: 9.4.2007.

diferenciadas aos filiados dos sindicatos, tais como maior duração das férias, prêmios, acréscimos salariais etc.

A cobrança de contribuição sindical e a proteção da representação sindical, além da proteção dos *Gewerkschaftliche Vertrauensleuten* (ou representantes fiduciários dos sindicatos) também fazem parte do conteúdo das convenções coletivas.

A convenção coletiva de trabalho estende-se, em princípio, à categoria representada pelas partes contratantes, porém pode haver restrições que atendam aos interesses de determinados grupos dentro da representação, por exemplo, a exclusão dos aprendizes, com vistas à tentativa de obterem uma melhoria para esses grupos através da negociação de outra convenção.

Existem pressupostos, como no direito comparado, que devem ser observados para a celebração de uma convenção coletiva de trabalho:

a) um contrato;

b) a forma escrita;

c) as partes, conforme a previsão legal;

d) um conteúdo específico.

A limitação da convenção coletiva de trabalho aos membros dos sindicatos que a firmaram é peculiaridade do direito alemão. Sua justificativa é a de que o ingresso em uma associação profissional é livre e, portanto, os efeitos que disso advenham devem estender-se apenas àqueles que voluntariamente a ela se associaram. Tal orientação contraria o direito observado na maioria dos países, entre eles Bélgica, França, Itália, Luxemburgo, Holanda, Áustria, Suíça, Suécia e Brasil[44].

O Ministro do trabalho na Alemanha somente poderá declarar a extensão da convenção coletiva de trabalho de acordo com a comissão de representantes das organizações sindicais superiores de empregados e empregadores, sob a proposta de uma das partes da convenção coletiva de trabalho (ou do próprio Estado, em raras vezes) quando:

a) exista uma convenção coletiva de trabalho válida;

b) os empregados representem pelo menos 50% daqueles sujeitos ao seu âmbito;

c) haja interesse público na extensão;

d) haja necessidade social.

Pode acontecer, desse modo, por exemplo, que um empregador vinculado a uma convenção coletiva de trabalho só contrate trabalhadores não sindicalizados,

---

(44) SILVA, Antônio Álvares da. *Op. cit.*, p. 125.

conseguindo, assim, mão de obra a menor preço. Ou, ainda, que um empregador não vinculado à convenção contrate trabalhadores também com salários inferiores aos estabelecidos em convenção coletiva de trabalho da categoria, principalmente em épocas de recessão econômica, quando cresce a oferta de mão de obra e escasseiam-se os empregos. Nesse caso, a convenção coletiva de trabalho passa a representar no modelo alemão uma ameaça para os empregados sindicalizados, já que os não sindicalizados e, portanto, não sujeitos às convenções poderiam ser contratados com salários inferiores.

Dessa forma, desde a década de 1990, a doutrina e a jurisprudência alemãs, ao perceberem tal distorção na legislação, passaram a praticar o instituto da extensão da regras convencionais para que, em determinados casos, as suas vantagens se estendam a um maior número de pessoas.

Nesse sentido, os trabalhadores alemães de setores como o da construção civil e têxtil, onde as taxas de sindicalismo são baixas (nunca chegam a 50% dos empregados), têm sido favorecidos.

O Ministério do Trabalho tem aplicado a *legal extension* para tais categorias com vista a trazer os benefícios negociados pelos sindicatos também para o trabalho não sindicalizado, para evitar o que ocorre no setor agrícola, por exemplo, em que há uma profunda discrepância de tratamento entre os empregados sindicalizados e os demais.

Assim, em regra, a empresa pode tratar diferentemente os empregados com fundamento na convenção coletiva de trabalho, se forem filiados ou não ao sindicato. Não pode haver uma cláusula ou regra na convenção coletiva de trabalho que obrigue o empregador a tratar diferentemente os trabalhadores organizados em sindicatos e os não filiados, pois isso feriria o objetivo maior da convenção coletiva de trabalho que é trazer benefícios ao trabalhador, e não malefícios.

Ao contrário do direito brasileiro, e embora seja verificada nos últimos tempos uma tendência a contratos de 2 anos (principalmente para as cláusulas salariais), no direito alemão, a fixação do tempo é irrelevante no que concerne à duração da convenção coletiva de trabalho, pois o item 5, do art. 4º da Lei de convenção coletiva de trabalho prevê a vigência da convenção coletiva de trabalho já vencida até que seja substituída por outra.

Em termos de duração, quando não é previsto um termo específico de cessação da vigência, qualquer das partes pode denunciar unilateralmente a vigência da convenção coletiva de trabalho, já que ela é criada para uma específica duração temporal. Pode também ser denunciada por motivo de ato faltoso de uma das partes.

Entre tais motivos relevantes, pode ser relacionada a ocorrência de uma greve ilegal (que contraria a convenção coletiva de trabalho) ou o desrespeito a um obrigação contratualmente assumida por uma das partes da convenção coletiva de trabalho. Os motivos de ordem econômica, entre eles a inflação e a possível falta de matéria-prima, geralmente não são aceitos como motivos relevantes, sob a justificativa de que fazem parte dos riscos dos empresários.

Alguns autores, entretanto, fazem distinção entre "mudança de relações econômicas que atuam na esfera das empresas (ex. preços de mercadorias, falta de matéria-prima do ramo, etc.) e aquelas que ocorrem em relação à toda a vida econômica da nação (p. ex.: proibição de comercialização de um produto, crise de petróleo, proibição de importação e exportação de produtos necessários à indústria)"[45]. Nesse último caso, tais autores acreditam ser possível a denúncia da convenção coletiva de trabalho.

A convenção coletiva de trabalho pode ter sua vigência cessada por quatro modos distintos:

a) pelo decurso de prazo da vigência;

b) pela denúncia exercida, observadas as formalidades de prazo;

c) pela denúncia extraordinária, quando por razões alheias à vontade das partes, torne-se impossível ou extremamente oneroso o cumprimento da convenção;

d) pela denúncia extraordinária, quando haja violação de suas normas.

O art. 6º da lei das convenções coletivas de trabalho fala sobre a necessidade de registro das convenções coletivas de trabalho: "Junto ao Ministério Federal do Trabalho e Ordem Social será criado o registro de convenções coletivas de trabalho, no qual a conclusão, a mudança e a revogação das convenções, bem como o começo e o fim das declarações de extensão serão registradas".

O direito alemão também prevê a figura do acordo coletivo de trabalho, que terá vigência perante apenas uma empresa, enquanto que a convenção tem vigência perante várias. Existe, ainda, uma terceira figura resultante das negociações coletivas de trabalho entre empregados e empregadores: o "acordo de serviço" (que perante o serviço público exerce o mesmo papel do acordo de empresa). Tal acordo é firmado entre o chefe do serviço ou da seção de serviço público e o conselho de pessoal como representante do pessoal empregado. Em todos os casos, tanto para acordos como para acordos de serviço, verifica-se a prevalência das normas convencionais.

Em 2003, a Alemanha possuía 22,6% de trabalhadores sindicalizados[46]. Nesse mesmo ano, entre 61% e 70% dos trabalhadores eram cobertos por contratos coletivos de trabalho, dependendo do setor em que trabalhavam. Esse

---

(45) SILVA, Antônio Álvares da. *Op. cit.*, p. 138.
(46) Disponível em: <http://www.bls.gov/opub/mlr/2006/01/art3full.pdf> Acesso em: 9.4.2007.

último índice permanece válido para o biênio 2004/2006. Importante mencionar também que, em 2006, 64% dos trabalhadores alemães consideraram ser importante que suas relações de trabalho fossem reguladas por contratos coletivos de trabalho[47]. Registre-se também que no começo da década de 2000, a Alemanha observou um grande aumento de conflitos individuais de trabalho, principalmente na antiga Alemanha Oriental. Tal aumento pode ser explicado por uma série de fatores, dentre os quais se destacam o enfraquecimento do sindicato e as mudanças abruptas nas condições de trabalho devido à "desindustrialização" e às novas formas de relação de trabalho[48].

Diante da apresentação dos institutos alemães, pode-se dizer que constituem fonte de direito do trabalho naquele país, na seguinte ordem: a Cons-tituição, a lei ordinária, convenções coletivas de trabalho, acordos de empresa e acordos de serviço. A respeito da negociação coletiva de trabalho, os empregadores têm preferido maior descentralização com o intuito de aumentar a discricionariedade empresarial na organização e motivação da força de trabalho. Mas eles também desejam centralização suficiente para manter o seu poder de barganha. Os sindicatos defendem a centralização, a fim de implementar as suas propensões igualitárias, mas eles têm demandado descentralização suficiente para permitir que eles maximizem o seu poder de barganha por meio do estabelecimento de padrões e fiscalização. Ambos os lados têm privilegiado estruturas de negociação suficientemente centralizadas para proteger os salários setoriais e os níveis de preço contra uma espiral deflacionária.

O sistema alemão de negociação coletiva de trabalho quase-centralizada e coordenada tem-se caracterizado como um compromisso formidável entre essas duas posições. Ele é suficientemente descentralizado para favorecer o lado sindical, mas tem sido considerado aceitável pelas associações de empre-gadores e pela maioria de seus membros. O lado patronal valoriza o sistema de negociação coletiva de trabalho pela proteção que esse último lhe concede ao tirar os salários (e consequentemente os preços) fora da concorrência e fora do "medo de obter algo pior" na forma de uma negociação salarial mais descentralizada. Mas o crédito pela aceitação do sistema de negociação coletiva de trabalho também deve ser dado aos conselhos de empresa, por atuarem como válvulas de escape que permitem a empresas individuais alguma flexibilidade para responder às condições de trabalho centralmente negociadas[49].

---

(47) Wage indicator support for trade union bargaining in Europe (*WIBAR*) report n. 5. Final version. 27.2.2007. Amsterdam, p. 7-11.
(48) SCHNEIDER, Martin. Employment litigation on the rise? Comparing British employment tribunals and German labor courts. In: *Comparative Labor Law and Policy Journal*. Champaign, v. 22, n. 2/3, p. 272-273, abr./set. 2001.
(49) ULMAN, Lloyd; GERLACH, Knut. An essay on collective bargaining and unemployment in Germany. Institute of Industrial Relations *Working Paper* n. iirwps-092-03. University of California, Berkley. 2003. Disponível em: <http://ssrn.com/abstract=418305> Acesso em: 9.4.2007.

Por fim, observe-se que a obrigação dos empregadores de informar os trabalhadores e consultá-los é considerada um direito fundamental na União Europeia, nos termos do art. 27 da Carta de Direitos Fundamentais da União Europeia. Até o presente momento, tal direito se expressa por meio de uma série de diretivas: (i) diretivas a respeito da informação e consulta a empregados em caso de dispensa coletiva e reorganizações empresariais, (ii) a diretiva de 1994 sobre Conselho de empresa europeu; (iii) a diretiva de 2001 sobre envolvimento do empregado na empresa europeia; e (iv) a diretiva de 2002 sobre informação e consulta na União Europeia.

Tal legislação forma a base do modelo social europeu. A europeização e a globalização de mercados criam uma série de mudanças importantes para as empresas europeias. Nesse cenário, os conselhos de empresa europeus possuem um considerável potencial para a expansão de seu papel de promover o diálogo e a troca de informações nas grandes empresas europeias e, desse modo, concretizar o modelo social europeu no seu mais alto nível. Muitos conselhos de empresa europeus já obtiveram muitos efeitos positivos e aprimoraram as suas operações, principalmente em termos de comunicação com os empregados e melhoria das decisões empresariais. Dessa forma, muitos empregadores gostariam que os conselhos de empresa europeus tivessem um papel mais ativo e buscam soluções para o aperfeiçoamento dos seus conselhos.

Todavia, a maioria dos conselhos de empresa europeus ainda vivencia um período de consolidação. Além dos custos das reuniões dos conselhos de empresa europeus (viagem e acomodação, serviços de tradução, tempo de serviço), outros problemas incluem falta de uma língua comum, distintos padrões de relações de trabalho e uma preocupação com questões locais por parte dos membros do conselho[50]. Sensível à tal realidade, a Alemanha promulgou, em 28 de dezembro de 2004, a lei de introdução das empresas europeias (*Gesetz zur Einführung der Europäischen Gesellschaft* — *SEEG*), a qual entrou em vigor em 29 de dezembro de 2004.

Tal lei transpõe para o direito interno alemão duas legislações comunitárias de 2001: o Estatuto da Empresa Europeia (SE) e a complementar diretiva sobre envolvimento dos empregados. O estatuto da Empresa Europeia facilitou a situação de empresas alemãs que atuam no continente europeu. Pela primeira vez, oferece-se às empresas um estatuto jurídico europeu uniforme no que se refere a matérias essenciais. Desse modo, empresas europeias que desejem expandir suas atividades para além das fronteiras nacionais não precisam mais constituir subsidiárias.

---

(50) Management cultures in Europe: european works councils and human resource management in multinational enterprises. Relatório final de um estudo comissionado pelo *Forum Mitbestimmung und Unternehmen* (Fórum Cogestão e Empresas), uma iniciativa conjunta da Fundação Bertelsmann e da Berlim: Fundação Hans Böckle, maio 2003. p. 22-23.

3.5. França

O preâmbulo da atual Constituição francesa reconhece em seu item seis o direito de todo ser humano defender os seus interesses por meio da ação sindical e o direito de filiar-se ao sindicato de sua escolha. No item subsequente, prevê-se que o direito de greve será exercido no âmbito das leis que o regulem. No item oito do referido preâmbulo, é prevista a possibilidade de participação dos empregados nas negociações coletivas de trabalho e até mesmo na gestão das empresas, por meio de seus delegados sindicais[51].

O direito de negociação coletiva de trabalho e o direito de greve têm como objetivo comum, corrigir o desequilíbrio inerente à relação de trabalho subordinado[52]. Nesse sentido, a negociação coletiva de trabalho apresenta-se como um método de delicada manutenção. Ela pressupõe uma confrontação de interesses antagônicos, defendidos de cada lado por um porta-voz investido do poder de fazer concessões, as quais nem sempre ocorrem[53].

A interpretação do item 8 do supracitado preâmbulo indica a possibilidade de uma representação dualista dos empregados, por meio das organizações sindicais ou por meio de representantes eleitos. Essa representação por meio dos delegados eleitos teve início com a escolha de trabalhadores para discussões e reivindicações junto ao patronato quanto a assuntos de segurança, no caso específico dos trabalhadores em minas.

Durante a Libertação, em 1945, os sindicatos pretendiam designar delegados sindicais que os representassem dentro das organizações. Tal ideia não foi bem acolhida pelos empregadores. O que se viu, a partir de então, foi a obrigatoriedade de comitês de empresas, que deveriam contar com, no mínimo, 50 empregados. Já as empresas com um mínimo de 10 empregados sujeitar-se-iam à legislação que previa a institucionalização dos delegados, obrigatoriamente eleitos pelos empregados. Somente a partir de 1968 houve a introdução da figura dos delegados sindicais nas empresas, que eram trabalhadores indicados pelo sindicato, para representá-lo dentro das empresas com mais de 500 empregados. Portanto, existem hoje na França 3 categorias de representantes dos trabalhadores: os membros de comitê, os delegados de pessoal e os delegados sindicais[54].

Os comitês de empresa têm personalidade jurídica e sua atribuição original refere-se à administração das atividades culturais e sociais que a empresa oferece aos empregados como um complemento de renda (ex.: colônia

---

(51) Constituição francesa. Disponível em: <http://www.legifrance.gouv.fr/html/constitution/const02.htm> Acesso em: 17.4.2004.
(52) SOURIAC, Marie-Armelle. Conflicts du travail et négociation collective, quelques aspects. In: *Droit Social*, Paris, n. 7/8, p. 706, jul./ago. 2001.
(53) LYON-CAEN, Gérard. Pour une réforme enfin claire et imaginative du droit de la négociation collective. In: *Droit Social*, Paris, n. 4, p. 356, abr. 2003.
(54) GAUDU, François. *As relações coletivas de trabalho na empresa*. Disponível em: <http://www.ambafrance.org.br/abr/imagesdelafrance/relcoletivas.htm> Acesso em: 30.1.2007.

de férias, convênios etc.). Os comitês também devem ser consultados sobre a administração da empresa, embora sem qualquer poder de decisão sobre os atos administrativos em geral. Entretanto, a partir da década de 70, quando muitas empresas francesas passaram por processos de reestruturação, os comitês tiveram atuação participativa nesses processos. Hoje os comitês são peça fundamental nos processos de desligamento de empregados por motivo econômico. Apesar de todo esse objetivo, diferentemente do que ocorre na Alemanha, o comitê de empresas na França não tem qualquer poder de fato nas negociações.

Os delegados de pessoal, por sua vez, têm a função de representar os empregados em sua reivindicações cotidianas. Também devem intervir, por exemplo, quando nem a lei, nem a convenção coletiva de trabalho são respeitadas. Ainda, o processo de despensa de empregado individualmente considerado pode ser acompanhado por esse delegado pessoal.

Quanto à organização sindical fora das empresas, foi-se desenvolvendo ao longo dos tempos, em nível de categoria profissional ao lado das grandes negociações em nível nacional, sendo que a negociação por profissão é muito rara na França. Desde 1968, os sindicatos estão presentes dentro das empresas de 2 formas: a) em todas as empresas, independentemente de seu porte, por meio de uma seção sindical de empresa, b) nas empresas com um mínimo de 50 empregados, cada sindicato pode designar um delegado sindical para representá-lo junto ao presidente da empresa. Ocorre que esse delegado sindical tem um mandato conferido pela organização sindical, que pode revogá-lo a qualquer momento. Ao contrário das outras formas de representação, o delegado sindical representa o sindicato, a princípio, na negociação coletiva de trabalho.

Tanto os representantes eleitos pelos empregados (membros de comitê e delegados) quanto os indicados pelo sindicato (delegados sindicais) gozam de um benefício diferenciado: o denominado "crédito de horas", ou seja, o recebimento de um determinado número de horas por mês. Os representantes dos empregados também são protegidos contra a dispensa, a qual não pode ser realizada sem que seja ouvido um inspetor do trabalho. Sem a observância dessa prerrogativa, a dispensa pode ser anulada pelo Tribunal, com a reintegração do empregado em seu posto de trabalho.

As negociações coletivas de trabalho em nível de empresa tiveram por precursora a empresa Renault, em 1955. A partir de 1968, era invocada pelos sindicatos quando estes pretendiam negociar algo mais do que era concedido pelas convenções coletivas de trabalho. A partir de 1980, com o crescente desemprego na economia francesa, tal nível de negociação coletiva de trabalho passou a ser requerido pelos próprios empregadores, como uma forma de compromisso gestinonário no qual o próprio emprego era a principal contrapartida da flexibilização[55].

---

(55) MORIN, Marie Laure. La loi et la negociation collective: concurrence or complementarite. In: *Droit Social*, Paris, n. 5, p. 424, maio 1998.

A lei de 17.12.1996 tentou quebrar o monopólio das organizações de assalariados representativas em matéria de negociação coletiva de trabalho em nível de empresa. Tal lei cumpriu o seu objetivo de maneira incompleta, pois deveria ter dado aos parceiros sociais maior espaço para experimentarem novas formas de negociação coletiva de trabalho em nível de empresa[56]. Também vale a pena registrar que, em caso de reestruturação da empresa (por motivo de trespasse, transferência do controle acionário etc.), a Corte de Cassação francesa entende que, como regra geral, as empresas cedente e cessionária devem celebrar um acordo de adaptação para regular o "estatuto coletivo" dos trabalhadores[57].

Desde 1982, a lei francesa estabelece a obrigatoriedade de negociações coletivas de trabalho anuais, que discute sobre salários, jornada e organização do trabalho. Entretanto, sua principal importância deve-se à possibilidade, desde o início da década de 80, de obter derrogações de leis. Ou seja, a negociação de trabalho na esfera da empresa pode substituir algumas normas regulamentares ou mesmo legais, principalmente no tocante à jornada de trabalho, como, por exemplo, a redução de jornada para 35 horas semanais, em um exemplo prático de flexibilização de trabalho.

Eventual conflito de normas é resolvido pelo princípio do "favor" (disposição mais favorável aos empregados), sempre observados a convenção coletiva, o acordo coletivo e o contrato coletivo de trabalho.

Uma lei de 19.1.2000 permitiu aos delegados de pessoal concluir, em algumas circunstâncias, acordos nas empresas, o que significa a busca de representantes verdadeiramente significativos para que sejam conduzidas as negociações. As seções sindicais afiliadas às 5 grandes confederações representativas em âmbito nacional e interprofissional: Confederação Geral do Trabalho (CGT), Confederação Francesa Democrática do Trabalho (CFDT), Confederação Geral do Trabalho — Força Obreira (CGT-FO), Confederação Francesa de Trabalhadores Cristãos (CFTC) e Confederação Francesa de Enquadramento — Confederação Geral de Funcionários (CFE-CGC) são automaticamente consideradas como representativas em âmbito de empresa. Portanto, elas podem assinar acordos de empresas.

Vale recordar que o poder de representação confiado aos sindicatos representativos, em matéria de negociação coletiva de trabalho, inspirou-se em um modelo de representação legal de interesses. Trata-se de uma referência, e não de uma identificação absoluta, pois em verdade o presente caso trata de uma representação legal de interesses particular[58].

---

(56) ANTONMATTEI, Paul-Henri. A propos du developpement de la negociation collective. In: *Droit Social*, Paris, n. 2, p. 164, fev. 1997.
(57) CHAUCHARD, Jean Pierre. Negociation collective et restructurations d'entreprise. In: *Droit Social*, Paris, n. 4, p. 379, abr. 1995.
(58) BORENFREUND, Georges. Pouvoir de representation et negociation collective. In: *Droit Social*, Paris, n. 12, p. 1006, dez. 1997.

Não há verdadeira negociação coletiva de trabalho sem liberdade. O intervencionismo estatal esteriliza-a. Mas intervencionismo não significa regulamentação. Assim, o Estado pode estabelecer algumas diretrizes genéricas a respeito da negociação coletiva de trabalho[59]. Tal relação entre direito legislado e negociado tem sido muito rica e movimentada, ao longo da história.

Tal relação leva a refletir a respeito do papel que a legislação deve ocupar na negociação coletiva de trabalho: não muito proeminente a ponto de asfixiar o sistema, mas presente a fim de que o interesse público seja sempre afirmado[60]. Com base nessa premissa, a convenção coletiva de trabalho é regulada no Código de Trabalho francês, o qual recentemente sofreu profundas modificações. Tais alterações foram introduzidas pela Ordenança n. 329, de 12 de março de 2007, cujas regras entrarão em vigor no mais tardar em 1º de março de 2008[61].

De acordo com o novo Código do Trabalho francês, a convenção coletiva de trabalho é o acordo escrito (cf. art. L2.231-3), necessariamente em francês (cf. art. L2.231-4), celebrado: (i) de um lado, por uma ou mais organizações sindicais de assalariados reconhecidas representativas em nível nacional, ou afiliadas a essas organizações, ou que provem a sua representatividade no campo de aplicação da convenção; (ii) de outra parte, por uma ou mais organizações sindicais de empregadores, ou qualquer outra associação de empregadores, ou um ou mais empregadores individualmente considerados (cf. art. 2.231-1 do Código do Trabalho francês).

A convenção coletiva de trabalho tem por objeto a regulação do conjunto das condições de emprego, de formação profissional e de trabalho, bem como as garantias sociais dos assalariados (cf. art. L2.221-1 do novo Código do Trabalho francês). Ela completa as disposições do Código do Trabalho e as adapta a situações particulares a um setor de atividade. Ela pode conter disposições mais favoráveis aos assalariados do que as previstas em lei e regulamentos em vigor, sem poder derrogar disposições de ordem pública contidas nesses textos. Se o empregador for parte em uma convenção coletiva de trabalho, as suas cláusulas aplicam-se aos contratos individuais de trabalho com ele concluídos, salvo estipulações mais favoráveis (cf. arts. L2.251-1 e L2.254-1 do novo Código do Trabalho francês).

Enfim, a convenção coletiva de trabalho determina igualmente o seu campo de aplicação territorial e profissional, esse último definido de acordo com a atividade econômica preponderante da empresa (cf. art. L2.222-1 do novo

---

(59) TEYSSIE, Bernard. A propos de la negociation collective d'entreprise. In: *Droit Social*, Paris, n. 7-8, p. 577, jul./ago. 1990.
(60) LANGLOIS, Philippe. Droit public et droit social en matiere de negotiation colletive: l'ordonnancement du droit public remis en cause par la negociation collective inter-profession. In: *Droit Social,* Paris, n. 1, p. 10, jan. 1992.
(61) *Novo código do trabalho francês*. Disponível em: <http://www.legifrance.gouv.fr/WAspad/RechercheSimplePartieCode?commun=CTRAVA&code=CTRAVANL.rcv> Acesso em: 17.4.2007.

Código do Trabalho francês). Observa-se no direito francês que os acordos coletivos de trabalho não fazem qualquer forma de discriminação em razão da nacionalidade. Porém, o conceito de discriminação varia em relação aos trabalhadores comunitários e extracomunitários (i.e., não pertencentes à União Europeia)[62].

A convenção coletiva de trabalho pode ser por prazo indeterminado ou determinado, o qual, nessa última hipótese, não poderá ser superior a cinco anos. Também cabe à própria convenção coletiva de trabalho determinar os termos sob os quais poderá ser renovada, revista ou denunciada (cf. arts. L2.222-4, L2.222-5 e L2.222-6 do novo Código do Trabalho francês).

A convenção coletiva de trabalho entra em vigor, salvo disposição em contrário, a partir do dia seguinte ao do depósito no órgão competente, nas condições previstas por via regulamentar. Tal depósito é obrigatório e só pode ser realizado após expirado o prazo para oposição à entrada em vigor da convenção coletiva de trabalho. Tal oposição deverá ser feita por escrito e motivada, especificando os pontos de desacordo, e será enviada aos signatários. Em caso de oposição majoritária, a convenção será considerada como não escrita (cf. arts. L2.261-1, L2.231-6, 2.231-7, 2.231-8 e 2.231-9 do novo Código do Trabalho francês).

A respeito da determinação da convenção coletiva aplicável à empresa, observe-se que tal convenção pode ser estendida por decisão ministerial, após ato motivado da Comissão Nacional de Negociação Coletiva. Nesse caso, a extensão é feita pela duração e nas condições previstas na convenção coletiva de trabalho em questão. Em caso de não extensão, a convenção impõe-se apenas aos empregadores filiados aos sindicatos signatários. As organizações de trabalhadores e as organizações ou grupos de empregadores, ou os empregadores individualmente considerados que sejam parte de uma convenção coletiva de trabalho não devem praticar nenhuma conduta que vise comprometer a leal execução dessa última (cf. arts. L2.261-15 L2.262-1 e L2.262-4 do novo Código do Trabalho francês).

Caso a convenção não seja aplicada, o empregado pode demandar, diretamente ou por intermédio do delegado de pessoal, perante o empregador para que a mesma seja executada ou o ressarcimento por perdas e danos. Eventual litígio poderá ser levado até o Conselho dos *Prud'hommes* (art. L2.262-12 do novo Código do Trabalho francês). Por fim, observa-se que atualmente a França conta com uma taxa de filiação sindical de oito por cento (8%), sendo que noventa por cento (90%) dos trabalhadores estão cobertos por uma convenção coletiva de trabalho. Ademais, em sessenta e cinco por cento (65%) das empresas existe representação no local de trabalho[63].

---

(62) LYON-CAEN, Antoine. La negociation collective dans ses dimensions internationales. In: *Droit Social*, Paris, n. 4, p. 354, abr. 1997.
(63) Conforme dados obtidos em: <http://www.eurofound.europa.eu/eiro/country/france_1.html> Acesso em: 17.4.2007.

3.6. QUADROS-RESUMO

País Matéria	ITÁLIA	ESPANHA	ALEMANHA	FRANÇA	BRASIL
Extensão dos contratos	Eficácia *erga omnes*	Eficácia *erga omnes*	*Legal extension*; pode haver extensão por ato do Ministro do Trabalho, desde que requerida por uma das partes.	Eficácia *erga omnes*, mas as negociações sendo que as negociações podem alterar cláusulas contratuais.	Eficácia *erga omnes*
Partes negociadoras	Sindicatos; Empregadores isoladamente (reunidos em associações); Centrais sindicais.	Sindicatos em convênios em nível de empresa (represent. mais de 10%) em convênios a nível de empresa, os comitês e os delegados também associações de empregadores; Centrais sindicais.	Sindicatos de empregados, associações de empregadores, organizações sindicais superiores (compostas pelos quatro sindicatos mais representativos) empregador isoladamente e comitê de empresas.	Organizações sindicais, embora o comitê de empresas não negocie.	Sindicato de empregados; sindicato de empregadores.
OLTs	Garantida por lei; Conselho de fábrica; Delegados sindicais (desde 1968); Conselhos de gestão.	Garantida por lei; Comissões de fábrica, também chamadas comissões paritárias (pois têm representantes das três grandes centrais sindicais); Delegado de pessoal.	Garantida por lei; Conselho de trabalhadores (*work councils*); Comitê de arbitragem; Juntas de vigilância.	Comissões de fábrica; Delegados sindicais; Delegados de pessoal.	Não são garantidas por lei algumas comissões recentes; A Constituição prevê para empresas com mais de 200 empregados (não regulamentadas ainda).
Papel do Estado	Regulamenta negociações; Contratos nacionais por setor; Estabelece mínimos.	Regulamenta negociações; Contratos nacionais por setor; Estabelece mínimos.	Regulamenta negociações estabelece mínimos.	Pode estabelecer diretrizes genéricas sobre as negociações coletivas.	Regulamenta negociações; regulamenta sindicatos; poder normativo da Justiça estabelece mínimos.

País / Matéria	ITÁLIA	ESPANHA	ALEMANHA	FRANÇA	BRASIL
Conteúdo das negociações	Salários, implantação de novas tecnologias, segurança, turnos de trabalho, qualidade, horas-extras, readmissão de empregados; Relação gerência.	Salários, implantação de novas tecnologias, segurança, turnos de trabalho, qualidade, horas-extras, readmissão de empregados; Relação gerência.	Salários, implantação de novas tecnologias, segurança, turnos de trabalho, qualidade, horas-extras, readmissão de empregados, cláusulas de proteção sindical, relação gerência.	Salários, jornada de trabalho e organização do trabalho, além da possibilidade de derrogação de leis.	Salários e benefícios condições de trabalho.
Nomenclatura dos acordos	Contrato coletivo.	Convênio coletivo.	Convenção coletiva; Acordo coletivo; Acordo de serviço.	Convenção coletiva; Acordo coletivo.	Convenção coletiva; Acordo coletivo.
Nível da contratação	Possível em todos os níveis: interconfederal (interessa a todo o mundo do trabalho), setor (nacional) ou empresa; Predomina centralizada por setor.	Predomina por setor/empresa; Possível a nível nacional.	Possível em todos os níveis; Predomina por setor/região.	Por categoria profissional, em paralelo com negociações em nível nacional.	Possível apenas por setor ou por empresa (acordo); apenas 1 convenção nacional dos bancários/petroleiros (revogação).
Obrigatoriedade da negociação	Sim	Sim	Sim	Sim	Sim. Somente podem recorrer a arbitragem pública ou privada após "comum acordo".
Organização sindical	Pluralidade sindical; Sind. Profissionais e inds.; Centrais sindicais: CGIL, CISL e UIL (mais represent.).	Pluralidade sindical; Sindicatos de empresa; 3 centrais sindicais	Unicidade sindical; Sind. Indústrias nacionais; 1 grande central sindical DGB; Outras centrais e sindicatos ind. e não importantes; Centrais não negociam.	Pluralidade sindical	Unicidade sindical; Sindicatos profissionais e inds.; 3 centrais sindicais: CUT, CGT e força sindical.

País Matéria	ITÁLIA	ESPANHA	ALEMANHA	FRANÇA	BRASIL
Conflitos e seus mecanismos de solução	Greve; Mediação; Arbitragem privada (reduzida); Mediação poderes públicos; Justiça do Trabalho; Sem previsão de locaute.	Greve; Mediação; Arbitragem privada; Justiça do Trabalho; Sem previsão de locaute.	Greve; Mediação; Comitê de arbitragem; Tribunais de Trabalho; Locaute previsto em lei.	Em 65% das empresas há representação dos empregados no local de trabalho.	Greve; Justiça do Trabalho; Sem previsão de locaute.
Legislação sobre rel. de trabalho	Constituição; Estatuto dos trabalhadores (41 artigos); Lei sobre exercício de greve.	Constituição; Estatuto dos trabalhadores (98 artigos).	Constituição; Lei constituc. das empresas (1972).	Constituição.	Constituição ("celetizada") CLT (quase 100 artigos); Lei orgânica de previvência social.
Nível de sindicalização	55% sindicalizados.	16% sindicalizados; 82% cobertos por contratos.	90% sindicalizados; 80% cobertos por contratos.	8% sindicalizados; 65% cobertos por convenção coletiva.	100% cobertos por convenção coletiva.

Capítulo 4

A Compreensão do Contrato Coletivo entre os Responsáveis pelas Relações de Trabalho em Nosso País
■■■■■■■■■■■■■■■■■■■■■■■■■■■■■

A ideia inicial deste capítulo foi a de avaliar a intenção daqueles que fazem parte das relações de trabalho contemporâneas no Brasil, quanto à proposta de adoção do contrato coletivo em nosso país. Surpreendentemente, os dados que foram obtidos por meio da realização de entrevistas no final da década de 90 já forneciam subsídios para que muito mais resultasse em termos de informação não apenas sobre esse instrumento da contratação coletiva, como também em termos de sugestões gerais e outras críticas pertinentes ao sistema de relações de trabalho.

Assim, a fim de facilitar a compreensão da opinião dos entrevistados à época, da forma mais dinâmica possível, foi elaborado, ao final do capítulo, um "quadro-resumo", para o qual foram utilizados os critérios estabelecidos na pesquisa, além da constatação de inclinações políticas e outras sugestões feitas pelos profissionais ouvidos.

Desse modo, foram agrupados os entrevistados em três grandes blocos, já que falaram em nome das entidades às quais pertenciam à época dos contatos: sindicalistas, empresários e juristas. Ao primeiro grupo pertenciam tanto os entrevistados que responderam em nome dos sindicatos como aqueles representantes de centrais sindicais, vez que a orientação que destas emana é a que acaba sendo acatada pelos sindicatos a ela vinculados. Do segundo grupo, fizeram parte empresários propriamente ditos, entidades representantes dos empregadores (FIESP e Federação do Comércio de São Paulo) e os negociadores de empresas de grande porte e segmentos desenvolvidos, escolhidos para a entrevista. E, finalmente, para o último bloco, foram consideradas as opiniões de juristas, ao que se somaram suas opiniões assentadas em publicações anteriores à conclusão da pesquisa, além de publicações especializadas em revistas e do projeto de lei elaborado em 1993, já mencionado anteriormente (Anexo I).

Ocorre que a discussão sobre Contratação Coletiva serviu como um estopim para dar início a uma questão mais preocupante que já era, em meados da década de 90, a necessidade de reformulação do sistema brasileiro de relações de trabalho que, conforme a unanimidade dos participantes da pesquisa, deve ser alterado, sob pena de perdermos o ritmo em que as mudanças na economia e na história, de um modo geral, vêm sendo observadas.

Quanto à adoção do Contrato Coletivo de Trabalho, ao contrário do que se esperava, em termos de pesquisa, todos os entrevistados, independentemente do grupo ao qual pertenciam (empresários, sindicalistas ou juristas), foram categoricamente favoráveis à implantação daquele instrumento como uma das formas de modernizar as atuais relações de trabalho em nosso país. Isso porque todos entendem que o sistema de trabalho atualmente vigente no Brasil, além de atrasado em relação aos outros países, acaba por dificultar a manutenção e, quiçá, a expansão de novos empregos, já que a lei nos é tão pesada e paternalista.

Cristalina, portanto, a partir da pesquisa realizada, que a possibilidade de adoção da figura do Contrato Coletivo de Trabalho coincidiria com o desencadear dessas melhores relações trabalhistas (ou, pelo menos, um pretexto para o início de sua discussão), principalmente se visto sob a ótica de que todos os países de economia capitalista desenvolvidos adotaram aquele instrumento de contratação, decorrente da negociação coletiva.

Entretanto, é inconteste o fato de que o que emperra a adoção do Contrato Coletivo de Trabalho no Brasil, além da vontade política, é, sem dúvida, a forma como é visto tal instrumento pelos diferentes segmentos da sociedade. Desse modo, os representantes dos empresários, por exemplo, são a favor do Contrato Coletivo de Trabalho, desde que este seja entendido como um "verdadeiro mecanismo de flexibilidade e não como algo que amarre ainda mais os empresários"[1], enquanto que os sindicalistas entendem que a mudança não pode ser vista exatamente dessa forma; acreditam em "conquistas sociais", quando se referem aos direitos enumerados pela CLT, e não acreditam que possa haver contratação coletiva ou a passagem para um sistema negocial sem que possam os trabalhadores levar consigo tudo o que tiveram como direitos até agora, o que, na visão dos empresários seria um absurdo, conforme enfatiza *Caieiro*: "Então para que negociar? A situação ficaria como está agora, ou seja, a legislação ordinária previu tanta coisa para os empregados que não há qualquer entusiasmo entre as partes para negociarem algo diferente... afinal, já está tudo previsto e garantido por lei".[2]

Os entrevistados acreditam que os pontos favoráveis se sobrepõem a possíveis desvantagens trazidas pela adoção do instituto da contratação coletiva. Dentre as vantagens, foram relacionadas pelos empresários:

a) maior flexibilidade na jornada de trabalho;

b) a possibilidade de aumento dos salários dos empregados (já que os encargos sociais poderiam ser repassados diretamente para eles), se bem

---
(1) FERRAIUOLO, Roberto. Entrevista realizada pela autora em abr. 95.
(2) CAIEIRO, Rubens. Entrevista realizada pela autora em mar. 95.

que, em contrapartida, haveria a possibilidade de redução de salário em épocas de crise ou de baixa demanda;

c) maior intervalo entre as negociações;

d) menor possibilidade de ocorrência de greves, já que as próprias partes teriam decidido entre elas o que negociar.

Pelos sindicatos, foram apontadas como vantagens:

a) a possibilidade de aumento do nível de empregos;

b) a redução da capacidade ociosa das fábricas;

c) a possibilidade de solucionar mais rapidamente os conflitos no local de trabalho, através da representação na própria empresa.

Além dessas vantagens, as duas partes da negociação mostraram-se favoráveis à retirada do Estado da interferência que exerce atualmente nas relações de trabalho, o que também poderia ser alcançado através da adoção do contrato coletivo. Tal inteferência se torna indesejável na medida em que é apontada por todos os entrevistados como excessivamente protetora dos direitos dos empregados, sem que, entretanto, consiga cumprir sua função adequadamente.

Do lado dos empregadores, porque a legislação extensa dificilmente é fiscalizada de forma adequada, ela acaba, na definição de um dos entrevistados, sendo uma legislação para maus empresários. Do lado dos empregados, porque se chegam a celebrar através de seus representantes — os sindicatos, alguma cláusula em convenção ou acordo coletivo que seja minimamente contrária à lei, mas que, acima de tudo seja de seu interesse, tal cláusula é, invariavelmente, considerada nula, por contrariar a legislação do trabalho (conforme estabelece o art. 9º da CLT) e o empregador é automaticamente multado.

Tal situação acaba por afugentar principalmente os empresários da possibilidade de negociação de algo inovador, mesmo que em favor dos empregados.

Do lado dos empregados, ainda, a crítica ao papel ora exercido pelo Estado não é mais branda: a interferência do Estado, através de seu braço judiciário, a Justiça do Trabalho, os torna verdadeiros "escravos" na busca por seus direitos. Nesse sentido, ilustra Martins[3], da CUT: "primeiro o trabalhador entra na empresa e já lhe dão um monte de documentos para assinar (como se ele conhecesse todos os seus direitos...); depois, às vezes, é obrigado a submeter-se a um sindicato que não o representa bem; se houver algum conflito, é levado a buscar seus direitos na Justiça do Trabalho (e aguardar por longos anos alguma

---

(3) MARTINS, Jorge Luiz. Entrevista realizada pela autora em maio 95.

decisão, sem qualquer estabilidade no trabalho)" e, em termos coletivos, "se participa de uma greve, seu julgamento é levado para o Tribunal, onde corre o risco de sua greve ser julgada ilegal e 'levar uma justa causa', se isso ocorrer, também vai demorar anos para que seus direitos sejam concretizados".

Assim, há uma crítica direcionada contra o próprio Poder Judiciário, basicamente por duas razões: pela demora com que são julgados os processos (individuais ou coletivos) e pela possibilidade que havia, até 2005, antes da EC n. 45/04, de os juízes proferirem sentenças normativas, sendo que é unânime a afirmação entre todos que os juízes não têm conhecimento do que ocorre a nível de empresas, conforme se verifica através dos "quadros-resumo" ao final do capítulo; "eles somente têm conhecimento do pior das relações de trabalho e acabam generalizando; efetivamente, desconhecem as coisas boas que acontecem em empresas maiores"[4]. Essa situação impedia que as partes, pelo menos, optassem pela conversação. Com a publicação daquela legislação, atualmente, passa a ser exigida a comprovação de "comum acordo" entre as partes litigantes para que optem pela composição do conflito mediante arbitragem pública (Tribunais) ou privada.

Sobre o papel da Justiça do Trabalho, entre os próprios juízes existe a consciência de que este poder normativo (que foi largamente utilizado por anos a fio) em muito prejudicou as relações coletivas de trabalho no Brasil, embora a forte justificativa para a manutenção deste poder tenha-se referido às "duas questões em discussão quanto à participação da Justiça do Trabalho nas relações entre empregados e empregadores: uma coisa é a Justiça do Trabalho enquanto órgão fundamental especializado para resolver controvér-sias que as partes não conseguiram solucionar e para exercer a vigilância das garantias mínimas destes direitos; esta parte é indispensável. Outra coisa é o papel da Justiça do Trabalho dentro do direito coletivo, ou seja, o poder normativo que se pretendeu afastar a partir da EC n. 45/04, visando maior desenvolvimento das partes para o processo de negociação". Isto porque, embora superada a questão, com a clara visualização de seus efeitos benéficos a partir da instituição do "comum acordo", é fato que a procura pelo Judiciário para a solução de pendências justificou-se, sobretudo pela diversidade de condições socioeconômicas e a impu-nidade que existe em nosso país frente ao cumprimento dos direitos mínimos dos trabalhador"[5].

Reforçada é essa afirmação no sentido em que a proteção do trabalho em si (em nosso país, por meio não apenas da legislação, mas sobretudo pela sua fiscalização e julgamentos), através da Justiça do Trabalho encontra-se entre as atividades fundamentais atribuídas ao Ministério do Trabalho em qualquer

---

(4) ALCÂNTARA, Antonio Cursino de. Entrevista realizada pela autora em abr. 95.
(5) TELLES, Eliete da Silva. *Forum Nacional de Debates sobre contrato coletivo e relações de trabalho no Brasil.* Rio de Janeiro: Ministério do Trabalho, mar. 94. p. 167.

país do mundo, ao lado da formulação de uma política de formação de mão de obra e da política de empregos e salários[6].

Consultados sobre a necessidade de permanência da Justiça do Trabalho, entretanto, houve nova unanimidade em afirmar que ela deve permanecer, predominando a ideia de que "com o contrato coletivo, a Justiça teria seu papel diminuído; só casos individuais iriam para os Tribunais"[7], devendo, entretanto, ser reduzida sua estrutura, permitindo-lhe maior agilidade.

A opinião minoritária é a de que ela pudesse continuar a julgar os conflitos coletivos, mas somente após a negociação, a mediação e a arbitragem (ou o método diretamente escolhido pelas partes) e, ainda, somente para fazer cumprir o que as partes pactuaram e não para fazer sentença normativa entre as partes. Todos concordam que a representação dos trabalhadores em nível de empresa, por intermédio das comissões de fábrica ou de delegados sindicais poderia descongestionar este movimento atual que se verifica na esfera da Justiça do Trabalho. Isto porque estima-se que 70% das reclamações trabalhistas refletem o descumprimento de garantias mínimas dos trabalhadores e poderiam ser facilmente resolvidas em nível de fábrica, diretamente entre as próprias partes.

Quanto às alternativas de composição de conflitos a partir da mediação e arbitragem, embora unanimente aceitas e defendidas por parte dos representantes das entidades sindicais e, ainda, por alguns empresários, foi demonstrado por alguns representantes desse último grupo um certo ceticismo quanto ao novo sistema[8] principalmente em relação aos últimos conflitos ocorridos, em que se tem verificado "reuniões dos sindicatos para decidirem se aceitam uma sentença ou não", a exemplo de algumas greves que ocorreram, sobretudo, na década de 90, que, mesmo declaradas ilegais pelo TST, ainda assim recebiam resistência dos trabalhadores para que voltassem ao seu trabalho, apesar da sentença proferida judicialmente.

Quando indagados sobre a transição para um novo sistema, paralelamente ao já citado problema com a Justiça do Trabalho, que atualmente representa um entrave para que se efetivem verdadeiras negociações, apontaram os entrevistados, como providências necessárias e que deverão preceder a adoção do Contrato Coletivo de Trabalho:

---

(6) GOMES, José Cláudio. *Fórum Nacional de debates sobre contrato coletivo e relações de trabalho no Brasil*. Rio de Janeiro: Ministério do Trabalho, mar. 94. p. 178.
(7) PASTORE, José. *O Estado de S. Paulo*, p. B5, 31.10.94.
(8) Segundo Roberto Ferraiuolo, "para nós brasileiros, o termo mediação não exprime qualquer novidade já que, desde 1942, é previsto pela CLT, e deveria ser utilizado antes do término da convenção; o que ocorreu é que em épocas de arrocho salarial que se verificaram no passado, o CIP — Conselho Interministerial de Preços — não aceitava a negociação; somente aceitava sentenças normativas, o que acabou por inutilizar a chamada mediação administrativa".

— alteração da CLT;

— alteração do capítulo constitucional que cuida dos direitos dos trabalhadores;

— reforma constitucional;

— criação de um mecanismo legal que determine, de imediato, que aqueles que tiverem celebrado um contrato coletivo, este prevalece sobre a lei;

— elaboração de uma legislação para a transição de um estado de muita proteção para outro de muita negociação;

— formação de comissões de transição;

— emendas na constituição, autorizando a opção entre contrato coletivo ou CLT.

Alguns dos pesquisados, paradoxalmente um representante dos empregados e outro de empregadores, acreditam que a passagem poderia se dar de imediato, sem a necessidade de esperar pela nova legislação, sugestão que é prontamente rebatida pelos juristas na medida em que, de acordo com nossa Constituição e nossa CLT (em seu art. 9º), os contratos que viessem a ser celebrados pelas partes poderiam vir a ser anulados, não apenas pelo acionamento de uma delas, mas, ainda, pela ação direta dos fiscais do trabalho.

Quanto à alteração da CLT, a opção por sua manutenção ou não depende diretamente do nível em que se pretende negociar contratos coletivos. Desse modo os sindicalistas, cuja grande maioria deseja contratos articulados, começando pelo nível nacional, acham que a CLT somente deverá ser mantida no início e para aquelas categorias menos adiantadas em termos de representação, devendo ser substituída, aos poucos, pelos contratos coletivos nacionais (que preverão condições mínimas de trabalho e o piso salarial de cada categoria), sendo que estes obrigatoriamente deverão repetir seu atual conteúdo em termos de "direitos conquistados".

Já para os empresários, cuja grande maioria não acredita em negociação em nível nacional, exatamente pelas especificidades que existem em diferentes regiões (e até mesmo em diferentes categorias), existe o entendimento de que uma legislação de mínimos deve ser mantida; poderia, inclusive, ser a própria CLT reformulada, a exemplo do que ocorreu nos países europeus. Em sua grande maioria defendem a adoção de um salário mínimo pelo governo já que este, embora não se equipare ao piso da categoria, serve para reajuste de benefícios sociais, salário de empregados domésticos e outros.

Nesse sentido, conforme sugerem considerações tecidas no âmbito da própria FIESP[9], a situação em nosso país deveria ser contrária à atualmente

---

(9) MOREIRA, Carlos Eduardo. *Considerações sobre contrato coletivo*. Memorando Interno FIESP, 1992. p. 4.

vigente, "quando deveria vigorar uma legislação de mínimos diante da ausência do Contrato Coletivo de Trabalho, assegurando direitos essenciais como salário mínimo, duração do trabalho, férias, segurança e medicina do trabalho, rescisão do contrato de trabalho, com FGTS, aviso prévio etc.".

Aprofundando mais quanto ao nível de negociação desejado, apenas um dos entrevistados, representante do grupo de empresários, acreditava em negociação articulada, e, nesse caso, com um contrato nacional prevendo piso das categorias, previdência ou desemprego, entre outros itens, ou seja, assuntos que não deveriam ser discutidos ao nível de empresas por não lhes dizerem respeito. A grande maioria dos entrevistados desse grupo defendeu a inviabilidade da negociação articulada, na medida em que poderia "engessar" relações de trabalho ao nível de empresas, exatamente como ocorreu na Itália.

Assim, a própria FIESP, na condição de órgão representante da categoria empresarial, demonstrou apoio, à época, à adoção do contrato coletivo com uma restrição: de que seja celebrado em âmbito estadual, e não nacional, como proposto, devido à realidade específica de cada estado. Também sugere especial atenção ao chamado "princípio da cumulatividade", que considera que concessões anteriormente feitas aos trabalhadores incorporem definitivamente seu contrato de trabalho, equivalendo-se ao direito adquirido.

Na negociação defendida pelos sindicatos, ou seja, a contratação articulada, parte-se do pressuposto de que há uma negociação nacional que deve determinar quais as cláusulas básicas do acordo; em seguida, pode haver uma negociação em nível estadual, regional e por empresa. Essas últimas são praticamente feitas com mecanismos locais e junto com os sindicatos ou através dele.

Na opinião dos juristas, expressa, inclusive, por meio do anteprojeto de relações de trabalho concluído em 1993, o contrato coletivo "é um instrumento normativo resultado de uma negociação de âmbito nacional em um ou mais de um setor econômico e são legitimadas para a negociação as centrais, confederações, e as federações nacionais de trabalhadores ou patronais". Suas cláusulas podem ser detalhadas e observadas na convenção de categoria ou acordos coletivos no âmbito das empresas acordantes. E assim, um contrato coletivo não consiste, portanto, na contratação articulada em que o instrumento mais abrangente contém progressivamente o mais restrito. Pela realidade brasileira, acreditam que haverá um incremento de acordos coletivos e uma redução de convenções coletivas[10].

---

(10) TEIXEIRA FILHO, João de Lima. A modernização da relação de trabalho através da negociação coletiva. In: *Revista Gênesis*, Curitiba: Furtado, Benedet e Luchtemberg, n. 24, dez. 94. p.4

Ao analisarmos, portanto, as diferentes opiniões quanto ao nível em que julgam deverá ser celebrada a negociação, constata-se que a preferência dos empresários é por contratos descentralizados, alegando, inclusive, fundamentar sua posição nas diferenças existentes entre cada região, setor e, mais ainda, entre cada empresa do mesmo setor; entretanto, tal opinião expressa uma completa contradição, quando exposta ao fato de que, quanto mais descentralizado o nível de negociação, tanto maior a efetiva participação da chamada Organização no Local de Trabalho (OLT), representadas em diferentes partes do mundo pelas comissões de fábrica, comitês de empresa, delegados sindicais, etc. e às quais a maioria dos empresários mostrou certa resistência.

Parece existir uma forte preocupação demonstrada pela maioria dos empresários de que no Brasil venha a ocorrer algo próximo da chamada "cogestão", que tem levado os próprios alemães a se questionarem sobre o limite de sua interferência.

A única coisa que não se discute é sobre a forma de organização sindical, que deverá ser pluralista com a ratificação da Convenção n. 87 da OIT. A única opinião incerta a respeito de tal questionamento foi a da Federação do Comércio e Indústria de São Paulo, que nos idos da década de 90, já via com maus olhos a pulverização de sindicatos ocorrida e que, com a adoção do pluralismo, em não se concertando o protecionismo que houve em relação aos sindicatos (dando-lhe vida a partir de seu registro, e sustentando-lhe através do imposto sindical), a negociação dos empresários com o volume de sindicatos que se espalharia por suas empresas seria inviável.

É mister, entretanto, enfatizar que a pulverização que se presencia, atualmente, em relação aos sindicatos, nada tem a ver com o pluralismo sindical (que acabará por manter atuantes apenas os sindicatos fortes), situação bastante diferente do que ocorre hoje, quando o Estado, por meio da arrecadação do imposto sindical, literalmente "sustenta" os sindicatos pouco ou nada representativos.

Com certeza, já pensando nesta direção é que defendem os sindicalistas que "o trabalhador deve pertencer à categoria na qual trabalha e não à categoria profissional; isto deve ocorrer também para terceiros"[11]; a primeira justificativa é a de que, sem dúvida, a negociação seria facilitada para ambos os lados; a outra, de que hoje, o trabalhador já vem sendo beneficiado pela convenção coletiva mais abrangente, mas o sindicato dessa categoria maior não recebe contribuição de todos, tampouco os têm em seu quadro de associados.

Interessante, neste sentido, observar que as empresas, por seu turno, estão preocupadas com as empresas "ruins", que em não cumprindo com as obrigações impostas pela lei, podem concorrer de forma desleal e, do outro

---

(11) GRANA, Carlos. Entrevista realizada pela autora em abr. 95.

lado da mesa de negociações, coincidentemente a preocupação com quem lhe tome mercado é a mesma, só que em referência aos associados, o que acaba contribuindo para sindicatos "ruins" ou pouco representativos.

Outra curiosidade, ainda, é que os sindicatos se mostram a favor do pluralismo sindical mas existe, hoje, uma verdadeira aversão quando um sindicato qualquer se instala junto a outro, em base territorial próxima.

Sobre o conteúdo da negociação, há um consenso sobre os tópicos que devem nele ser tratados, ou seja, basicamente deve conter toda a regulamentação das leis do trabalho, com alguns dos tópicos apontados a seguir transcritos:

— flexibilidade da jornada de trabalho;

— polivalência dos empregados;

— estrutura salarial da empresa;

— programas de treinamento e qualidade total;

— forma de representação dos trabalhadores;

— previsão de retreinamento e reciclagem;

— solução de conflitos;

— participação nos lucros (em nível de empresa);

— processo de terceirização (em nível de empresa).

Houve, ainda, a sugestão, por parte dos sindicalistas, de que cláusulas das próprias convenções fossem aproveitadas e parece ser exatamente aí o grande impasse para alguns empresários. Em sua maioria, acreditam em livre--negociação decorrente da transição do sistema, mas para negociarem qualquer coisa, a partir do zero ou, na pior das hipóteses, a partir de uma legislação de mínimos, o que não parece ser a intenção dos sindicalistas, que somente aceitarão um contrato coletivo que incorpore os pontos positivos da CLT, o que chamam de conquistas dos trabalhadores.

Os juristas também acreditam na impossibilidade de retirar dos trabalhadores as normas positivas às quais hoje se sujeitam, sem que lhes permaneça um núcleo de garantias mínimas e sem que seus representantes estejam plenamente desenvolvidos para poderem defendê-los.

Existe um visível receio por parte dos sindicalistas, que acreditam que as leis são bases fundamentais que devem ser respeitadas e que o que os empresários pretendem com a flexibilzação é quebrar essas bases e fazer acordos inferiores às garantias mínimas. E, embora haja um discurso voltado para a modernização das relações de trabalho, o que se percebeu, no decorrer das entrevistas, é que existe ainda uma grande insegurança para se falar num outro tipo de contrato que não o modelo por eles pregado.

Os sindicatos assumem, de forma mais aberta, a preocupação com outros dois problemas que lhes podem trazer alguma instabilidade: o primeiro decorrente das inovações tecnológicas, com a diminuição dos postos de trabalho e o segundo referente à terceirização; trata-se de matérias que podem levar a um enfraquecimento sindical.

Mesmo assim, cada parte acredita na conscientização da outra para que se chegue a um bom termo e, com certeza, por ter sido dirigida a pesquisa a membros de grandes e organizadas entidades, em sua grande maioria as partes acreditam que já estão preparadas para as verdadeiras negociações que seriam necessárias para a adoção do contrato coletivo.

Em todas as entrevistas, realizadas à época, pela autora, as categorias indicadas como as mais preparadas para negociarem, tanto por parte dos sindicatos quanto por parte dos empregadores, foram as categorias de químicos, metalúrgicos e bancários.

Esta última, inclusive, foi citada por alguns dos entrevistados como a única categoria que chegou a celebrar algo parecido com contrato coletivo em nível nacional, embora, não corresponda efetivamente a um contrato coletivo.

De acordo com os documentos que têm circulado junto às entidades sindicais, observa-se que os sindicalistas propõem, antes mesmo de qualquer alteração legislativa, a assinatura de um protocolo de intenções entre as partes de maneira a exercitar novas regras para as negociações coletivas ainda na fase de implantação de um novo sistema. "O atual patamar de direitos individuais deve estar garantido para todos os trabalhadores. Impõe-se a extinção do poder normativo da Justiça do Trabalho (...). Também é preciso a ratificação e a adequação legislativa das Convenções da OIT; com o fim da unicidade sindical, as chamadas OLT's (Organizações nos Locais de Trabalho) serão fundamentais na luta contra o surgimento do 'sindicato pelego' ou 'por empresa'"[12].

Segundo eles, existem problemas estruturais que dificultam a democratização das relações de trabalho: a) o empresariado brasileiro tem uma forte tradição autoritária; b) o predomínio da chamada "cultura do dissídio" continua inibindo a autocomposição dos conflitos; c) existem fortes resistências entre as próprias lideranças sindicais; há setores cuja sobrevivência depende da preservação do modelo sindical.

Assim, essa nova legislação por eles sugerida, de caráter transitório, deverá colaborar para remover todas as restrições e obstáculos ao exercício das liberdades sindicais e proporcionar a retificação e/ou adequação legislativa das Convenções da OIT, entre elas, as de ns. 87, 98, 151 etc., além de formular uma legislação ordinária que garanta regras e procedimentos que deem

---

(12) *Informa CUT*, n. 250, jan. 95. p. 14-38.

funcionalidade ao sistema proposto e que evite prejuízos aos trabalhadores, na transição de um sistema para outro.

Quanto ao modelo de contrato coletivo que propõem, o contrato articulado, este pressupõe que, a nível nacional (e, podendo, inclusive, contar com a participação do governo), seriam discutidas políticas salarial, econômica, de rendas, industrial e implantação de novas tecnologias; por setor econômico, seriam definidos os pisos salariais, as condições mínimas de trabalho para o setor, condições econômicas e sociais; e, finalmente, em nível de empresa, as correções salariais, produtividade e condições mais específicas de trabalho.

Outra proposta praticamente definida é a contida no anteprojeto de relações de trabalho, elaborada, entre outros, por dois dos juristas entrevistados e que prevê a extinção da contribuição sindical obrigatória, a possibilidade de 3 formas de composição dos conflitos: convenção, acordo e contrato coletivo de trabalho.

Prevê, ainda, a assinatura de contrato coletivo em nível nacional, segundo os entrevistados deste grupo, para evitar que as empresas possam impor normas e condições de trabalho contrárias à proteção mínima dos trabalhadores no contrato coletivo, principalmente aqueles que são representados por sindicatos menos representativos e atuantes.

Como forma de composição dos conflitos prevê a mediação e a arbitragem, mas, que diante da não conciliação a partir da mediação, as partes poderiam optar entre a arbitragem privada e a estatal (processo jurisdicional), ao que os sindicalistas reagem, acreditando que há um grande risco de o patrão preferir este último ao qual está habituado.

Finalmente, há que se falar na condição maior para a adoção do contrato coletivo de trabalho, que é a observância da negociação coletiva e que tem por pressupostos:

— plenitude do Direito de Greve que só poderá ser limitado em sede do contrato coletivo;

— garantia eficaz contra a dispensa arbitrária, como forma de estabilidade no emprego;

— unificação das datas-base;

— reconhecimento das centrais sindicais;

— estabilidade da pluralidade sindical;

— reconhecimento da autonomia sindical;

— fim da contribuição sindical de caráter compulsório e reconhecimento das contribuições sindicais deliberadas regularmente em assembleias;

— limitação de determinados benefícios convencionais aos sindicalizados;

— reconhecimento da autonomia privada coletiva na relação entre capital e trabalho;

— fim do poder normativo da Justiça do Trabalho[13].

Tópicos	Empresários	Sindicalistas	Juristas
vantagens	Maior flexibilidade na jornada de trabalho; possibilidade alteração salários empregados; menor probabilidade de greves; maior intervalo entre negociações.	aumento do nível de empregos; redução da capacidade ociosa fábricas; soluções mais rápidas de conflitos; maior participação dos trabalhadores.	menor probabilidade de greves; solução mais rápida de conflitos.
periodicidade	as partes determinam (indiferente) inicialmente a cada 2 anos.	inicialmente a cada 2 anos.	Indiferente.
justiça do trabalho	só para conflitos individuais e de direito; redução de sua estrutura, com interferência após mediação e arbitragem retirada de seu poder normativo não deve julgar conflitos internos.	deve ser mais ágil e moderna redução de sua estrutura, com interferência após mediação e arbitragem; não deve julgar conflitos internos.	permanece como está; menos sobrecarregada.
solução de conflitos	mediação e arbitragem privada; mediação e arbitragem estatal Justiça do trabalho como está; Justiça do Trabalho só para questões de direito.	mediação e arbitragem privada antes de ser encaminhado para a Justiça do Trabalho.	mediação e arbitragem privada antes de ser encaminhado para a Justiça do Trabalho.
possíveis mediadores e árbitros	alguns atuais negociadores; aproveitamento dos próprios juízes.	alguns atuais negociadores; aproveitamento dos próprios juízes.	aproveitamento de ex-juízes; alguns dos atuais negociadores.
CLT	deve ser reformada, prevendo o mínimo; deve prever apenas a organização sindical, sem prever mínimos.	deve permanecer como está, valendo apenas para quem não tem contrato coletivo; deve ser alterada apenas quanto à organização dos sindicatos; desnecessária, pois os mínimos serão previstos pelos contratos coletivos nacionais.	deve ser alterada (*vide* projeto).

---

(13) NOGUEIRA NETO, Domingos de Souza. Contrato coletivo. In: *Revista Gênesis,* Curitiba: Furtado, Benedet e Luchtemberg, n. 7, jul. 93. p. 373.

Tópicos	Empresários	Sindicalistas	Juristas
nível de negociação	por setor/regional; inicialmente por empresa; articulada, com contrato coletivo nacional em nível nacional é inviável devido às diferenças regionais.	articulada, com previsão de mínimos no contrato coletivo nacional e adequação à realidade de cada empresa articulada (guarda-chuva) de imediato.	por setor/nacional.
Providências necessárias anteriores ao contrato coletivo	alteração na CLT; alteração do capítulo constitucional que cuida dos direitos dos trabalhadores; reforma constitucional; criar um mecanismo legal que determine que, de imediato, quem tiver um contrato coletivo, este predomina sobre a lei.	emendas na Constituição, autorizando o contrato coletivo como opcional em relação à lei; legislação de transição de um estado de muita proteção para outro de muita negociação; comissões de transição determine que, de imediato, quem tiver um contrato coletivo, este predomina sobre a lei; a negociação não pode ser imposta; deve partir dos interessados.	reforma constitucional; alteração dispositivos da CLT, principalmente art. 9º (nulidades).
direito de greve	a favor; somente deveria ser permitido nos casos de não cumprimento do previsto em contrato coletivo.	deve ser mantido, porém sem julgamento pelo Estado.	deve ser mantido.
organização sindical	pluralismo; unicidade como hoje.	pluralismo; o trabalhador deve pertencer à categoria na qual trabalha.	pluralismo.
papel do Estado	interferência direta obrigatória (já que pode, por exemplo, gerar recessão) não deve haver o paternalismo de hoje.	não deve interferir no julgamento de greves e de problemas coletivos.	apenas para conflitos individuais; para os coletivos, somente após mediação e arbitragem obrigatórias.

Tópicos	Empresários	Sindicalistas	Juristas
previsão de implantação do contrato coletivo	de imediato, por meio de reforma legal e talvez sem necessidade de alteração nas leis; promoção de parcerias.	após a ratificação da Convenção n. 87 de imediato (para segmentos mais adiantados como montadoras); imediata: transforma a convenção em um contrato coletivo nacional e contrata a partir daí.	somente após a alteração dos dispositivos legais.
conteúdo	toda regulamentação das leis do trabalho; flexibilidade da jornada de trabalho, polivalência dos empregados, estrutura salarial da empresa, treinamento, qualidade total, forma de representação dos trabalhadores etc.	previsão de retreinamento e reciclagem dos trabalhadores, jornadas de trabalho, forma de representação dos trabalhadores, solução de conflitos, participação nos lucros, terceirização etc.	
preparo dos negociadores	em sua grande maioria, apenas os sindicalistas das categorias mais adiantadas.	alguns empresários não querem negociar; os sindicatos fora de São Paulo estão despreparados, sindicatos e empresários preparados e algumas categorias menores.	estão preparados
observações	os trabalhadores vêm sendo tratados como hipossuficientes pelos patrões, sindicatos, sociólogos e governo; não deve haver razão para protecionismos; os sindicatos serão fortes na medida em que trabalhem; a reforma constitucional trouxe anseios que não cabem hoje, com as mudanças na economia.	existe um estudo sobre encargos prevendo aumento real de 12% para os empregados caso os encargos lhes sejam passados diretamente; queda do número de postos de trabalho ou desemprego estrutural; sindicatos tentam se preparar através de cursos para delegado sindical.	
observações	a convenção hoje só fala em deveres do empregador e não do empregado; ainda há os sindicatos de gaveta;	os contratos coletivos inicialmente valeriam para categorias maiores, enquanto a CLT permaneceria por um bom tempo;	o contrato coletivo de trabalho assemelha-se muito ao atual acordo coletivo de trabalho;

TÓPICOS	EMPRESÁRIOS	SINDICALISTAS	JURISTAS
observações	evitar o modelo espanhol, que engessou as empresas; se não começar por empresas, dificilmente será adotado; num mesmo setor há empresas com 12.000 e com 12 empregados, o que dever ser considerado para qualquer reforma pretendida.	para categorias menores; em contrato coletivo em nível nacional; o Brasil vai ter contrato coletivo queiram os empresários ou não em virtude das necessidades e de padrões mundiais; nada impede as partes de começarem a negociar o contrato coletivo, a jurisprudência depois as confirmará.	Trata-se de figura que permite maior flexibilidade nas negociações, o que se verifica em sociedades de direito consuetudinário.

Considerações Finais

Procurou-se, no decorrer deste trabalho, traçar um perfil do que seja o Contrato Coletivo de Trabalho como possível fruto das negociações coletivas em nosso país, à luz do que vem ocorrendo em outros países da União Europeia. A publicação do Anteprojeto de Relações Coletivas de Trabalho, em 1993, originou o estudo ora apresentado.

Além disso, foi trazida ao corpo desta obra a opinião expressada por aqueles que têm ou tiveram participação ativa e rotineira nas relações de trabalho do Brasil, independentemente do lado em que se colocam e dos princípios que defendem para as negociações coletivas. Aliás, justamente a diversidade de ideias e pensamentos se constitui na principal fonte de informação e até mesmo de incertezas para o futuro das negociaçãoes coletivas entre os brasileiros.

De toda a análise realizada, é mister observar que a lei não bastará para que nosso atual sistema de relações de trabalho sofra qualquer evolução.

Aliás, pelas entrevistas realizadas, na última década, nota-se que a lei é, provavelmente, o fator menos importante, hoje já exerceu sua influência e de forma bastante negativa durante todo o nosso passado. Tal opinião é reforçada, se observado o direito trabalhista estrangeiro cuja legislação é, atualmente, fruto da adoção de usos e costumes como fonte de direito; somente depois de terem sido praticados reiteradas vezes é que se tornam alvo de tratamento legislativo.

Só nos resta, desse modo, concordar com os entrevistados que não acreditam na espera; se continuarmos alimentando a atual situação inercial em que nos encontramos, esperando ora mudanças de lei, ora reforma constitucional, ora modernização da legislação ordinária, estaremos protelando a urgente flexibilização das relações de trabalho em nosso país, do mesmo modo como se têm verificado as reivindicações, com maior intensidade, pelo menos há quase 30 anos!

Assim, a ideia do que seja esta tão almejada flexibilização deve estar presente na mente dos brasileiros e sobressair-se ao simples pensamento de espera, já que a necessidade não é apenas de flexibilização do direito, mas, sobretudo, das relações de trabalho, com a possibilidade de que um processo de negociação mais maduro vá ao encontro das perspectivas de diminuição das taxas de desemprego e de uma perfeita adaptação ao mercado de trabalho que, em alguns setores, sofre profundas transformações em termos de exigências de qualificação profissional para os trabalhadores.

E, neste sentido, parece que as partes já vêm evoluindo; é claro que não se pode esperar dos sindicatos, por exemplo, que abram mão, de imediato, do que eles consideram conquistas obtidas por meio da CLT. E assim, não podem mudar do dia para a noite uma linha de raciocínio que levou anos para ser construída, apoiada fortemente na bandeira de aumento de salários, estabilidade e melhores condições de emprego. Não podem, de imediato, admitir que um volume de obrigações muito grande imposto aos empregadores afugentará qualquer garantia de emprego dos milhares de trabalhadores desqualificados que ficarão à margem da sociedade, caso nenhuma providência seja tomada.

Mesmo assim, é importante assinalar a consciência dos sindicalistas, especialmente aqueles vinculados aos grandes e mais organizados sindicatos, que conseguem visualizar o patamar ao qual a elaboração da CLT lhes transportou, ao criar uma artificialidade das negociações e uma redução em seu poder de barganha e mais recentemente uma queda de sua imagem junto aos próprios trabalhadores.

Aliás, nosso entendimento é o de que o maior entrave, durante a transição de um modelo para outro, será a ausência de sindicatos autênticos e habituados a realmente negociarem. Assim, sem sindicatos representativos, não há que se falar em livre-negociação e os sindicatos têm conhecimento disto, tanto que já vêm se preparando para uma inevitável alteração do sistema: têm repensado sua atuação nos interesses dos trabalhadores e promovido a representação dos trabalhadores em nível de empresa, dando ênfase ao preparo de comissões internas e delegados sindicais. Enfim, vêm reposicionando sua conduta e o que é mais importante, independentemente de alterações na lei. A atual crise mundial, que se desencadeou no final de 2008 igualmente vem despertando a atenção dos sindicatos, que precisam rever sua posição e discurso diante de um sem-número de falências e demissões em massa.

Ao contrário do que possa parecer para alguns, acostumados, especialmente nos últimos tempos, à propositura de novidades em termos de estrutura organizacional, como reengenharia, terceirização, entre outros, o contrato coletivo não se trata de um modismo; pode sim ser tratado como apenas uma das alternativas capazes de introduzir a necessária modernização em nossas relações de trabalho e não por acaso; trata-se de um instrumento democrático e ajustável ao mercado global competitivo.

É evidente, entretanto, que alguns cuidados devem ser observados no caso de sua adoção, especialmente no que tange ao receio das partes (principalmente dos empresários) de que um contrato coletivo, por exemplo, em nível nacional, possa "engessar-lhes" qualquer conduta, neste caso vindo a ter o mesmo papel que tem hoje a lei, o que seria, portanto, indesejável.

Tem-se conhecimento de que contratos coletivos extremamente flexíveis em nosso país não passarão de utopia para o cenário dos próximos anos. Afinal, já se passaram mais de 10 anos desde a publicação do Anteprojeto e início dos debates. Isto porque deixar um sistema acentuadamente legalista como o nosso, numa transição para um cenário idealizado pelas partes interessadas, baseado exclusivamente em negociações é algo que leva tempo. Assim é que a lei ordinária, mais simplificada, talvez tivesse um importante papel nessa fase de transição, garantindo direitos mínimos às categorias menos organizadas, sem, contudo prejudicá-las, o que ocorreria no caso de distanciamento das leis.

Também, alguns países acreditam que a regulamentação voluntária dos acordos pode ser mais adequada por ser de maior responsabilidade das partes e por adaptar-se mais facilmente às mutantes condições na indústria. Em contrapartida, a ausência de legislação envolve um número grave de riscos econômicos e sociais, não apenas para as partes envolvidas, mas para o país como um todo, principalmente em períodos recessivos.

Deve-se pensar, ainda, que é impossível uma transformação do modo como tem sido esperado sem que haja um desenvolvimento econômico duradouro; de outra forma os sindicatos enfraquecem e tornam-se ineficazes em sua função de preservar a dignidade dos trabalhadores e, neste caso, a adoção do contrato coletivo poderia acentuar as desvantagens econômicas para estes.

Do lado dos empresários, deverão estar atentos às mudanças que ocorrem à sua volta e entenderem que qualidade de trabalho e produtividade não são passíveis de serem alcançados com empregados desqualificados e insatisfeitos em sua relação de trabalho. E que, deste modo, um sistema estatutário lhes tira o fôlego financeiro para elevarem o nível de emprego dos trabalhadores e, ainda, de condições de trabalho em sua empresa. Mas, não lhes pode escapar a ideia de que um sistema de negociação direta entre as partes não deve derivar para a situação de supremacia do poder do capital.

Do lado dos trabalhadores, será imprescindível o discernimento para entenderem que também estarão amparados em um sistema de relações negociais, já que a lei pode tentar proteger-lhes enquanto empregados, mas não poderá garantir-lhes um emprego, passando a ser, portanto, completamente ineficaz num cenário de instabilidade econômica, refletindo, invariavelmente os atuais índices de informalidade no trabalho.

Bibliografia

ANTONMATTEI, Paul-Henri. A propos du developpement de la negociation collective. In: *Droit Social,* Paris, n. 2, p. 164, fev. 1997.

ANTUNES, Ricardo L. C. *O que é sindicalismo.* São Paulo: Brasiliense, 1988.

_____ . *O que são comissões de fábrica.* São Paulo: Brasiliense, 1981.

ARAÚJO, Rosa Maria Barbosa de. *O batismo do trabalho.* Rio de Janeiro: Civilização Brasileira, 1981.

BARASSI, Ludovico. *Diritto sindacale e corporativo.* 2. ed. Milano: Giuffrè, 1934.

BEHRMAN, J.; DURYEA, S.; SZEKELY, M. *Schooling investments and aggregate conditions:* a household-survey-based approach for Latin America and the Caribbean. Inter-American Development Bank, 1990.

BELTRAN, Ari Possidonio. *Os impactos da integração econômica no direito do trabalho. Globalização e direitos sociais.* São Paulo, LTr, 1998.

BERCUSSON, Brian; DICKENS, Linda. *Egalité des chances et negotiations collectives em Europe.* Luxemburgo: Office des Publications Officielles de Communautes Européennes, 1999.

BOITO JR., Armando (org.). *O sindicalismo no Brasil anos 80.* Rio de Janeiro: Paz e Terra, 1991.

CAMPERO, G. *Os atores sociais no novo mundo do trabalho.* Brasília: OIT, 1994.

CARUANA, Gonzalo Vidal (org.). *El cambio laboral en la decada de los 90.* Madrid: Epasa-Galpe, 1991.

CESSARI, Aldo. *L'interpretazione dei contratti collettivi.* Milano: Giuffrè, 1963.

CÓRDOVA, Éfren (org.). *As relações coletivas de trabalho na América Latina.* São Paulo: LTr, IBRART, 1985.

COSTA, Sergio A. *Estado e controle sindical no Brasil.* São Paulo: T. A. Queiroz, 1986.

COSTA, Ruy Silva (trad.). A busca de novos caminhos nas relações de trabalho. In: LABORINT — *International Conference on Trade Unionism* (temas e conferencistas), 1991.

DONATO, Monge E.; ROJAS, Bolanos M. *Sindicatos, política y economia.* San José: Alma Mater, 1987.

DUNNING, Harold. *Negociação e redação de um contrato coletivo.* Brasília: Ministério do Trabalho, OIT, 1993.

ESTATUTO DE LOS TRABAJADORES. Espanã. *Ministério do Trabajo.* 4. ed. 1988.

FAVA, Marcos Neves. O esmorecimento do Poder Normativo — análise de um aspecto restritivo na ampliação da competência da Justiça do Trabalho. In: COUTINHO,

Grijalbo Fernandes; FAVA, Marcos Neves. *Nova competência da justiça do trabalho*. São Paulo: LTr/ANAMATRA, 2005.

FERNANDEZ, Maria Luz Rodríguez. *La estructura de la negociación colectiva*. Valladolid: Lex Nova, 2000.

FERREIRA, Olga Padilha. *Contrato coletivo de trabalho: informação inicial*. São Paulo: STS, 1993.

FERRARRO, Giuseppe. *Ordinamento, ruolo del sindacato, dinamica contrattuale di tutela*. Padova: Cedam, 1981.

FLANDERS, Allan. *Collective bargaining readings*. Austrália, 1969.

FIGUEIREDO, Argelina M. *Política governamental e funções sindicais*. Dissertação de mestrado. São Paulo: Ciências Sociais, USP, 1975.

FIGUEIROA JUNIOR, Narciso. *A negociação coletiva e a flexibilização da CLT*. O arbitramento de reajuste salarial em dissídios de natureza econômica. Monografia de Especialização em Direito do Trabalho, PUC, 1999.

FIORAVANTE, Tamira. *Sindicato, educação e liberdade*. São Paulo: LTr, 2008.

FÓRUM NACIONAL SOBRE CONTRATO COLETIVO E RELAÇÕES DE TRABALHO NO BRASIL. Compilação de palestras. Rio de Janeiro: Ministério do Trabalho, mar. 1994.

FRANCO, Tomás Sala (org.). *Derecho del trabajo*. 4. ed. Madrid, 1991.

FRANCO, Tomás Sala; MELLADO, Carlos L. Alfonso. *Los procedimientos extrajudiciales de solución de conflictos laborales establecidos en la negociación colectiva*. Valencia: Tirant lo Blanch, 1996.

FREEMAN, Richard; MEDOFF, James. *What do the unions do?* New York: Basic Books, 1984.

GAZIER, B. L'employabilité: brève radiographie d'um concept em mutation. *Sociologie du Travail*, Paris, n. 4, 1990.

GIUGNI, Gino. *Introduzione allo studio dell'autonomia collettiva*. Milano: Giuffrè, 1960.

ILO. Collective agreements in practices. *International Conference* n. 39. Geneve: ILO, 1936.

_____. *Collective bragaining in industrialised market economies*. Geneve: ILO, 1977.

_____. *World labor report*. Geneva: ILO, chapter 3, jun. 1992.

KUHN, Alfred; Herman, Edward. *Collective bargaining and Labor relations*. New Jersey: Prentice-Hall, 1981.

LASKI, Harold J. *Trade unions in the new society*. New York: Viking, 1949.

LUCA, Carlos Eduardo de. *O contrato coletivo de trabalho no direito italiano e brasileiro*. Tese de doutorado. São Paulo: USP, 1987.

MAGANO, Octavio Bueno. *Manual de direito do trabalho* — parte geral. São Paulo: LTr, 1980.

_____. *Manual de direito do trabalho* — Direito coletivo do trabalho. São Paulo: LTr, 1984.

MANUS, Pedro P. T. *Negociação coletiva e contrato individual de trabalho*. São Paulo. Atlas, 2001.

MARAZZA, Marco. L'accertamento pregiudiziale sull'efficacia, validità ed interpretazione dei contratti ed accordi collettivi nazionali. In: *Argomenti di diritto di lavoro*, Padova, v. 4-5, p. 1107, 2006.

MARSHALL, F. Ray; RUNGELLING, Brian. *O papel dos sindicatos na economia norte-americana*. Rio de Janeiro, 1987.

MAZZONI, Giuliano. *Manuale di diritto del lavoro*. Milano: Giuffrè, 1969.

MENGONI, Luigi. Legge e autonomia colletiva. In: *Massimario di giurisprudenza del lavoro*, Roma, p. 192, 1980.

MILKOVITCH, G.; BOUDREAU, J. *Administração de recursos humanos*. São Paulo: Atlas, 2000.

MINARELLI, J. *A empregabilidade:* como ter trabalho e remuneração sempre. São Paulo: Gente, 1995.

MORAES FILHO, Evaristo de. Contribuição confederativa. *Curso de direito coletivo do trabalho. Estudos em homenagens ao ministro Orlando Costa*. São Paulo: LTr, 1998.

MOREIRA, Carlos Eduardo. *Considerações sobre contrato coletivo*. Memorando Interno FIESP, 1992.

MORSE, Bruce. *How to negotiate the labor agreement*. Michigan: Transpublishing, 1976.

NASCIMENTO, Amauri Mascaro. *Iniciação ao direito do trabalho*. 27. ed. São Paulo: LTr, 2001.

OIT. *Organização Sindical*. Brasília: Ministério do Trabalho, 1993.

_____. *Princípios, normas e procedimentos da organização internacional do trabalho referentes à liberdade sindical*. Brasília: Ministério do Trabalho, 1993.

_____. *Convênios y recomendaciones* 1919-1966. Genebra, 1993.

PASTORE, José. *Flexibilização do trabalho e contratação coletiva*. 1. ed. São Paulo: LTr.

_____. Relações de trabalho no Japão. In: Publicação *OIT*, 1994.

_____. *Encargos sociais no Brasil e no exterior*. 1. ed. São Paulo: Sebrae, 1994.

_____. *Uma revolução pela via democrática:* o caso da Nova Zelândia. Brasília: Sebrae, 1994.

_____. *Contrato coletivo de trabalho:* virtudes e limites. São Paulo: USP, out. 92.

_____. Palestra realizada no auditório *d'O Estado de S. Paulo*, dez. 94.

PASTORE, José; ZYLBERSTAJN, Hélio. *A administração do conflito trabalhista no Brasil*. 2. ed. São Paulo: IPE-USP, 1988.

PERSIANI, Mattia. *Diritto sindacale*. 4. ed. Padova: Cedam, 1994.

RANDLE, C. Wilson. *Contrato coletivo de trabalho* — princípios e práticas. São Paulo: Centro de Publicações Técnicas, 1965.

RHEMUS, Charles M. *Labor and american politics*. Michigan: Univesity of Michigan, 1989.

RIBEIRO, Augusta Barbosa de Carvalho. *O contrato coletivo de trabalho e a lei brasileira*. São Paulo: LTr, 1967.

_____. *O contrato coletivo: sua penetração nas áreas de administração de pessoal*. Dissertação de mestrado. São Paulo: USP, Ciências Sociais, 1968.

_____. *Condições de trabalho e emprego na contratação coletiva*. São Paulo: LTr, 1970.

RIFKIN, Jeremy. *O fim dos empregos*. Tradução de Ruth Gabriela Bahr. São Paulo. Makron Books, 1996.

ROBBINS, S. *Comportamento organizacional*. 11. ed. São Paulo: Pearson/Prentice Hall, 2005.

RODRIGUEZ, Américo Plá. *Los principios del derecho del trabajo*. Buenos Aires: Depalma, 1990.

RODRIGUES, Leôncio Martins. *Trabalhadores e sindicatos no processo de industrialização*, São Paulo: USP, Ciências sociais. Tese de livre docência, 1972.

ROBERTS, Benjamin. *Trade union in free society*. England, 1962.

RUSCIANO, Mario. *Contratto collettivo e autonomia sindacale*. Torino: UTET, 1984.

RUSSOMANO, Mozart Victor. *O sindicato nos países em desenvolvimento*. São Paulo: RT, 1980.

SANTOS, Enoque R.; SILVA, Otavio P. (coords.). *Temas controvertidos do Direito Coletivo de Trabalho no Cenário Nacional e Internacional*. São Paulo: LTr, 2006.

SILVA, Antônio Àlvares da. *Convenção coletiva perante o direito alemão*. Rio de Janeiro: Forense, 1981.

SILVA, Ciro P. *A milenar arte de negociar e a negociação sindical*. São Paulo: LTr, 1999.

SIMÃO, Aziz. *Sindicato e Estado*. São Paulo: Ática, 1992.

SIQUEIRA NETO, José Francisco. *Contrato coletivo de trabalho* — perspectiva de rompimento com a legalidade repressiva. Dissertação de mestrado. São Paulo: PUC, fac. de direito, 1990.

_____. *Contrato coletivo de trabalho* — a perspectiva de rompimento com a legalidade repressiva. São Paulo: LTr, 1991.

SÜSSEKIND, Arnaldo e outros. *Instituições de direito do trabalho*. 21. ed. São Paulo: LTr, 2003. v. 2.

TAMAJO, Raffaele de Luca. *La norma inderogabile nel diritto del lavoro*. Napoli: Jovene, 1976.

TEIXEIRA, Nelson Gomes (trad.). *O futuro do sindicalismo no Brasil* — o diálogo social. São Paulo: Pioneira, 1991.

TREU, Tiziano; CELLA, Gian Primo. *Relazioni industriali manuale per análisi dell esperienza italiana*. Bologna: II Mulino, 1989.

TRIONI, Guido. Il sistema del diritto sindacale dalla rapprezentanza alla rapprezenatività. *Giornale di Diritto del Lavoro e di Relazioni Industriali*, Roma, v. 8, n. 27, p. 536, 1985.

TROYANO, Aunez Andraus. *Reestructuracion y regulacion institucional del mercado de trabajo em America Latina*. Buenos Aires: Internacional Institute for Labor Studies, 1991.

UGUINA, Jesus Mercader. *Estructura de la negociación colectiva y relaciones entre convênios*. Madrid: Civitas, Ediciones de la Universidad Autônoma de Madrid, 1994.

UGUINA, Jesus R. *Estructura de la negociación colectiva y relaciones entre convenios*. Madrid: Civitas, 1994.

VIANNA, Oliveira. *Instituições políticas brasileiras*. Rio de Janeiro: José Olympio, 1944.

_____. *Problemas de direito sindical*. Rio de Janeiro: Max Limonad, 1964. v. 1.

WEBER, Arnold. *Collective bargaining — problems & perspectives*. Graduated School of Business, The University of Chicago, 1961.

ZYLBERSZTAJN, Décio; SZTAJN, Rachel (orgs.). *Direito & economia. Analise econômica do direito e das organizações*. 2. reimpressão. Rio de Janeiro: Elsevier, 2005.

Artigos, revistas e sites

ANTONMATTEI, Paul-Henri. A propos du developpement de la negociation collective. In: *Droit Social*, Paris, n. 2, p. 164, fev. 1997.

BAAMONDE, Maria Emília Casas. La estructura de la negociación colectiva y las nuevas reglas sobre competencias y concurrencia de los convenios colectivos. In: *Relaciones Laborales*, Madrid, v. 17/18, 1994. p. 285.

BARROS, Cássio Mesquita. *Globalização da economia e seus reflexos sobre as relações de trabalho*. Palestra proferida em 3.9.98 no Seminário Alagoano de Direito do Trabalho e Processo do Trabalho, Maceio.

BORENFREUND, Georges. Pouvoir de representation et negociation collective. In: *Droit Social*, Paris, n. 12, p. 1006, dez. 1997.

CAIEIRO, Rubens. Contrato coletivo. In: *Boletim FCESP*, 17.2.95.

CAMARGO, J.; NERI, M. e REIS, M. Emprego e produtividade no Brasil na década de 90. In: *Textos para discussão*, n. 405, Rio de Janeiro, PUC — Departamento de Economia, out. 1999.

CANAVIEIRO, Sérgio. *Sindicalismo e automação*: lições da FIAT. São Paulo: Publicação Interna, 1991.

CARRION, Valentin. Contrato coletivo de trabalho. In: *Revista Trabalho e Processo*. São Paulo, n. 3, p. 151, dez. 94.

CHAUCHARD, Jean Pierre. Negociation collective et restructurations d'entreprise. In: *Droit Social*, Paris, n. 4, p. 379, abr. 1995.

COLLECTIVE Agreements. *Studies and reports series A* (Industrial Relations), n. 39, Geneve: King & Son, 1936.

CRIVELLI, Ericson. Modelo sindical e contratação coletiva no Brasil: a experiência dos bancários. In: *Documento de circulação interna do sindicato dos bancários*. São Paulo, 1992.

_____ . Modelo sindical e contratação coletiva. In: *Revista Americana e Italiana de derecho del trabajo*, n. 1/93, p. 115-144.

DAL-RÉ, Fernando Valdes. Notas sobre la reforma del marco legal de la estructura de la negociación colectiva. In: *Relaciones Laborales*. Madrid, 1995. v. 1.

FARIA, José Eduardo. Globalização é um problema, não um destino. In: *Revista Getúlio*, São Paulo: FGV, mar. 2007.

FERRAIUOLO, Roberto. Liberdade para negociar é a condição. In: *Revista da Indústria* n. 5, jan./mar. 93.

FERREIRA NETO, Cássio Telles. Arbitragem: uma solução jurídica em tempo real. In: *Revista do Advogado*, ano XXII, n. 66, jun. 2. p. 114-118.

GOIS, A. Ensino se massifica no século XX, mas perde qualidade. *Folha de S. Paulo*, Caderno de Educação, 30 set. 2003. Disponível em: <http://www1.folha.uol.com.br/folha/educacao/ult305u13812.shtml> Acesso em 10.3.07.

HÜBLER, Olaf; JIRJAHN, Uwe. Works councils and collective bargaining in Germany: the impact on productivity and wages, jul. 2001. *IZA Discussion Paper* n. 322. Disponível em: <http://ssrn.com/abstract=276511> Acesso em: 9.4.2007.

IBGE, Diretoria de Pesquisas, Coordenação de Trabalho e Rendimento, Pesquisa Mensal de Emprego. In: Disponível em: <http://www.ibge.gov.br/home/estatistica/indicadores/trabalhoerendimento> Acesso em: 12.4.07.

INFORMA CUT, n. 250, jan. 95.

JUNQUEIRA, L. A. Eletronic publishing at *empregabilidade ou loveability, saúde profissional ou afetiva?* Disponível em: <http://www.institutomvc.com.br/costacurta/artla48_empreg.htm> Acesso em: 18.4.07.

LANGLOIS, Philippe. Droit public et droit social en matière de negotiation colletive: l'ordonnancement du droit public remis en cause par la negociation collective interprofession. In: *Droit Social*, Paris, n. 1, p. 10, jan. 1992.

LYON-CAEN, Gérard. Pour une réforme enfin claire et imaginative du droit de la négociation collective. In: *Droit Social*, Paris, n. 4, p. 356, abr. 2003.

MAGANO, Octavio Bueno. Contratação coletiva. In: *Publicação Interna FIESP* n. 483, 24.11.92.

MALLET, Estevão. Apontamentos sobre a competência da justiça do trabalho após a emenda constitucional n. 45, de 2004. In: *Revista do Advogado. Associação dos Advogados de São Paulo*, jun. 2005, n. 82, p. 34-44.

MARSHALL, Adriana. Consecuencias economicas de los regimenes de protección de los trabajadores en America Latina. In: *Revista Internacional del Trabajo*, n. 1, 1994.

MARTINS FILHO, Ives Gandra. A reforma do Poder Judiciário e seus desdobramentos na Justiça do Trabalho. In: *Revista LTr*, v. 69, n. 1, jan. 2005. p. 31.

MATTIOLI, Maria Cristina. Negociação coletiva no Brasil. In: *Revista Trabalho e Processo*, São Paulo: Saraiva, n. 3, dez. 94.

MENEZES, M. Educação no Brasil. *O Globo*, Rio de Janeiro, 3.4.2006. Caderno de Educação, p. 8.

MENEZES FILHO, N. A evolução da educação no Brasil e seu impacto no mercado de trabalho. In: *Estudo realizado pelo Departamento de Economia da USP*, São Paulo, mar. 2001. p. 25. Disponível em: <http://www.ifb.com.br/arquivos/artigo_naercio.pdf> Acesso em: 20.4.07.

MINARELLI, J. *Seis pilares da empregabilidade*. Disponível em: <http://pt.wikipedia.org/wiki/Empregabilidade> Acesso em: 20.4.07.

MORIN, Marie Laure. La loi et la negociation collective: concurrence or complementarite. In: *Droit Social*, Paris, n. 5, p. 424, maio 1998.

MORO, Luis Carlos. Meios alternativos de solução de conflitos trabalhistas: avanços ou retrocessos. In: *Revista do Advogado*, ano XXII, n. 66, jun. 2002. p. 92-113.

NASCIMENTO, Amauri Mascaro. A difícil aposentadoria da CLT. In: *Jornal do Advogado*, n. 197, 1993. p. 27.

NERI, M. O peixe, a vara e a rede de computadores. *Conjuntura Econômica*, São Paulo, fev. 2006. p. 41-43.

NOGUEIRA NETO, Domingos de Souza. Contratação coletiva. In: *Revista Gênesis*, Curitiba: Furtado, Benedet e Luchtemberg, n. 7, jul. 1993.

NUNES, N. e COSTA, J. Projecto de Bolonha, que teve por base a reunião dos países europeus, ocorrida em jun. 99, para a definição das bases do ensino superior europeu até 2001. Disponível em: <http://bolonha.uma.pt/download/ProjectoBolonhaUMa.pdf> Acesso em: 10.4.07.

PAIVA, Paulo. Governo prepara mudança nas leis de trabalho. In: O *Estado de S. Paulo*, p. A4, 24.4.95.

PASTORE, José. *Contrato coletivo de trabalho:* virtudes e limites. Universidade de São Paulo, 1992 (2. minuta).

PENCAVEL, John. *Labor markets under trade unionism.* Cambridge: Blackwell, 1991.

_____ . Unionism viewed internationally. Stanford University. *Journal of Labor Research*, v. XXVI, n. 1, winter 2005. p. 65-97.

PICARDI, José de Freitas. *Livre negociação e contrato coletivo de trabalho*. Parecer solicitado à ABRH pelo então Ministro Walter Barelli, dez. 1992.

POCHMANN, M. Geração na estaca zero. *O Estado de S. Paulo*, São Paulo, 18.3.2007, Aliás, p. j6.

RAMOS FILHO, W. A solução dos conflitos coletivos do trabalho depois da reforma do judiciário. *Cadernos da Escola de Direito e Relações Internacionais* (UniBrasil), v. 7, p. 45-62, 2007.

REIS, Murilo Gouvêa dos. Contrato coletivo de trabalho. In: *Revista Gênesis*, Curitiba: Furtado, Benedet e Luchtemberg, n. 3, mar. 94.

REIS, M.; GONZAGA, G. Desempregos e deslocamentos setoriais da demanda por trabalho no Brasil. In: *Textos para discussão*, n. 427, Rio de Janeiro: PUC — Departamento de Economia, abr. 2000.

ROBORTELLA, Luiz C. A. Ideias para a reforma da legislação do trabalho. In: *Revista do Advogado,* Associação dos Advogados de São Paulo, jun. 2005, n. 82, p. 85-94.

SANTOS, Wanderley Guilherme dos. *Cidadania e justiça.* Rio de Janeiro: Campus, 1987.

SCHLOTFELDT, Walter. Gerente de Pessoal da GM da Alemanha. In: A busca de novos caminhos nas relações de trabalho. *International Conference on Trade Unionism.*

SCHNEIDER, Martin. Employment litigation on the rise? Comparing British employment tribunals and German labor courts. In: *Comparative Labor Law and Policy Journal.* Champaign, v. 22, n. 2/3, p. 272-273, abr./set. 2001.

SOUZA, F. *Empregabilidade: o caminho das pedras.* Disponível em: <http://www.socultura.com/socultura-universitario-adm-artigos-fernandoalves-empregabilidade.htm> Acesso em: 20.4.07.

STEFANO, Fabiane; PADUAN, Roberta. Mais passos na contramão. In: *Revista Exame,* p. 35-37, 27.2.2008.

STEPANENKO, Alexis. Palestra compilada. In: *Forum Nacional sobre Contrato Coletivo e Relações de Trabalho no Brasil.* Rio de Janeiro, mar. 94.

TEIXEIRA FILHO, João de Lima. A modernização das relações de trabalho através da negociação coletiva. In: *Revista Gênesis,* Curitiba: Furtado, Benedet e Luchtemberg, dez. 1994.

_____ . Intervenção legislativa em negociação coletiva: necessidades de compatibilização. In: *Revista Trabalho e Processo,* São Paulo: Saraiva, n. 3, p. 91, dez. 1994.

TEIXEIRA, José Emídio. Contrato coletivo de trabalho: oportunidades, riscos e desafios. In: *Boletim Interno Rhodia,* fev. 1993.

TELLES, Eliete da Silva. *Fórum Nacional de Debates sobre contrato coletivo e relações de trabalho no Brasil.* Rio de Janeiro: Ministério do Trabalho, mar. 1994.

TEYSSIE, Bernard. A propos de la negociation collective d'entreprise. In: *Droit Social,* Paris, n. 7-8, p. 577, jul./ago. 1990.

ZYLBERSTAJN, Helio. Contrato coletivo e aprimoramento das relações de trabalho: para onde vamos? *Revista Estudos Econ.,* São Paulo, v. 22, ed. especial, p. 1-23, mar. 1992.

WEISS, Manfred (org.). *International industrial relations association.* 7th World Congress, Hamburgo, 1986.

WEISS, Manfred. The interface between constitution and labor law in Germany. In: *Comparative labor law and policy journal.* Champaign, v. 26, n. 2, p. 184. abr./jun. 2005.

_____ . *Institutional forms of workers' participation with special reference to the federal republic of Germany.* 7th World Congress. Hamburg: International Industrial Relations, 1986.

WERDESHEIM, S. *Eletronic publishing at empregabilidade.* Disponível em: <http://www.universia.com.br/html/materia/materia_egbh.html> de 23.7.2004. Acesso em: 10.4.07.

Anexo I

N. 1 — Principais artigos do anteprojeto de Relações Coletivas do Trabalho, publicado no Diário Oficial da União em 20 de janeiro de 1993, com 63 artigos, durante o governo Collor. A comissão responsável pela elaboração deste projeto foi composta por *João Lima Teixeira Filho* (presidente), *Almir Pazzianotto Pinto, Amauri Mascaro Nascimento, Arion Sayão Romita, Arnaldo Süssekind e Cássio Mesquita Barros Junior.*

ANTEPROJETO DE RELAÇÕES COLETIVAS DO TRABALHO
(Principais artigos, com proposta de alteração)

"Art. 1º É livre a associação sindical de trabalhadores e empregadores para promoção e defesa de seus interesses profissionais, econômicos e sociais.

Art. 2º A liberdade de associação sindical constitui matéria de interesse do regime democrático e de relevante valor social, compreendendo os direitos de:

I — criar sindicato, sem autorização prévia do Estado, bem como extingui-lo (...).

III — filiar-se a sindicato de sua escolha, ou dele retirar-se livremente (...).

Art. 5º Ao Ministério do Trabalho é vedado interferir, direta ou indiretamente, na organização sindical, notadamente em questões de constituição e de representação de sindicatos profissionais ou patronais (...).

Art. 8º Fica extinta a contribuição sindical obrigatória, revogados os arts. 578 a 610 da Consolidação das Leis do Trabalho (...).

Art. 13. São nulas de pleno direito as disposições de qualquer natureza que impliquem discriminação no emprego ou nas condições de trabalho em virtude da adesão ao sindicato, ou pelo exercício de atividade sindical (...).

Art. 18. São instrumentos normativos de autocomposição dos conflitos o contrato coletivo de trabalho, a convenção e o acordo coletivo de trabalho, todos obrigando os signatários e seus representados (...).

Art. 20. As centrais sindicais, as confederações e federações nacionais têm capacidade para celebrar contrato coletivo de trabalho.

Art. 21. A convenção coletiva será celebrada entre entidades sindicais do mesmo setor econômico e especificará condições aplicáveis às relações de trabalho na respectiva categoria, observados os parâmetros previstos no contrato coletivo (...).

Art. 29. Frustrada a negociação coletiva, as partes poderão recorrer ao mediador.

Art. 30. No caso de acordo, será celebrado o correspondente instrumento normativo.

Art. 31. Não havendo acordo, as partes poderão eleger árbitros.

Art. 32. Esgotadas as possibilidades de solução negociada para o conflito coletivo, as partes poderão optar por:.

I — eleição de árbitros;.

II — processo jurisdicional; (...).

Art. 39. Respeitado o disposto no art. 11 da Constituição Federal, o representante do trabalhador e o empregador, de comum acordo, deliberarão sobre a proporcionalidade da representação (...).

Art. 47. Inexistindo sindicato, os trabalhadores poderão fazer-se representar por comissão interna da empresa (...)".

PROPOSTA UNIFICADA DA CENTRAL ÚNICA DOS TRABALHADORES (CUT) PARA NEGOCIAÇÕES NACIONAIS POR RAMO RUMO AO CONTRATO COLETIVO DE TRABALHO

1. Sistema democrático de relações de trabalho e contrato coletivo de trabalho

A Central Única dos Trabalhadores (CUT) tem como objetivo a construção de um novo sistema de relações de trabalho no Brasil. Os princípios contidos na atual legislação do trabalho reforçam os alicerces do corporativismo, contrários aos nossos interesses de classe. A CUT vem defendendo desde a sua fundação em 1983 a adoção dos princípios de liberdade e autonomia sindical — através da ratificação da Convenção n. 87 da OIT, o fim do "imposto sindical", o direito de representação dos trabalhadores no interior da empresa e uma ampla reforma da legislação e do papel da Justiça do Trabalho.

Em seu 3º Congresso Nacional, realizado em setembro de 1988, na cidade de Belo Horizonte-MG, a Central assumiu a defesa do contrato coletivo de trabalho (CCT) como elemento estratégico para o avanço da democracia nas relações de trabalho e superação do sistema corporativista ainda vigente. O CCT já é amplamente aplicado sob diversas formas em outros países.

Tendo realizado inúmeros eventos com as instâncias da Central e os sindicatos filiados, envolvendo setores do governo, empresários, universidades e em contato com o movimento sindical de outros países, a CUT amadureceu a proposta de superação do modelo corporativista ainda em prática no Brasil.

Às ideias básicas de liberdade e autonomia sindical e de controle coletivo de trabalho, a CUT incorporou a noção de que é preciso construir um "sistema democrático de realções de trabalho", isto é, uma mudança global em relação ao arcabouço corporativista consolidado no último meio século.

Mais do que isso, a CUT defende que esse novo sistema não seja implantado de um dia para outro, mas que seja precedido por mecanismos que garantam "um período de transição". Isto porque o atual sistema — vigente há meio século, não é sustendado hoje somente por imposição da lei. Há elementos culturais fortíssimos que induzem a reprodução, na prática sindical, dos princípios corporativistas, seja do lado patronal, do lado dos trabalhadores ou do próprio Estado. Além do mais, numa mudança brusca, a parte mais desprotegida na relação capital/trabalho, isto é, os próprios trabalhadores, poderiam sofrer perdas de direitos básicos já conquistados.

Reiteramos nossa disposição de participar de um amplo debate nacional, através de uma Câmara de Relações de Trabalho, a ser integrada pelas centrais sindicais, as entidades patronais e representantes do Estado, que busque definir caminhos negociados para a transição do velho para o novo. Aliás essa diposição já foi amplamente demonstrada através de gestos inequívocos, como por exemplo nas Câmaras Setoriais e no Fórum sobre Contrato Coletivo e Relações de Trabalho (FNCCRT, 1993), onde formulamos propostas concretas direcionadas à democratização das relações de trabalho.

A CUT tem identificado duas esferas que devem ser trabalhadas de forma combinada:

a) a das mudanças necessárias no campo institucional, isto é, que exigem alteração da Constituição Federal e das leis ordinárias, e estão expressas no documento "Sistema Democrático de Relações de Trabalho", aprovado pela direção da CUT em dezembro de 1992 e entregue ao governo Itamar Franco;

b) a das mudanças que podem ser alcançadas através de negociação coletiva, sem que seja necessária alteração das normas em vigor.

As propostas apresentadas neste documento estão no âmbito das mudanças que podem ser obtidas via negociação coletiva, sem alteração das leis. Isso não significa uma simplificação dos objetivos estratégicos da CUT para a democratização do modelo de relações de trabalho.

Simultaneamente aos objetivos que são aqui discutidos pelas Confederações e a Executiva Nacional da CUT, a Central continua desenvolvendo em suas instâncias e lutando em todas as esferas, tanto pela reforma global do sistema de relações de trabalho, no sentido de sua democratização, como na defesa dos interesses dos trabalhadores frente as reformas neoliberais que o governo vem buscando impor na reforma constitucional e com sua política econômica. São pois propostas complementares dentro de uma mesma estratégia.

2. Ações imediatas rumo ao contrato coletivo de trabalho

O CCT tem sido definido como o acordo entre as partes, negociado entre sindicatos, federações ou confederações, com uma ou mais entidades representativas do patronato, visando avançar na democratização das relações de trabalho, conforme as diretrizes democráticas estabelecidas pela Central objetivando atingir o contrato coletivo a nível nacional. A estratégia da Central é a de lutar por uma negociação dos contratos coletivos que articule diversos níveis, desde o contrato a nível nacional até o contrato por ramo de atividade econômica e por empresa, de modo que a contratação esteja articulada em torno de uma pauta mínima que possibilite construir um parâmetro único sob o qual deveremos ocupar os espaços possíveis em busca da construção da proposta ideal de contrato coletivo, resguardando-se os direitos adquiridos e garantias mínimas dos trabalhadores.

Mesmo antes de conquistar as mudanças estruturais que permitam a implantação de um SDRT é possível avançarmos na luta por novas conquistas através da negociação coletiva, que poderão se constituir no embrião de uma nova cultura nas relações de trabalho, bem como de novos direitos e garantias aos trabalhadores.

Evidentemente somente a implantação de um SDRT permitiria desenvolver todas as potencialidades dessas iniciativas que hoje buscamos.

É com esta visão que as Confederações cutistas junto com a CUT nacional vêm buscando elaborar uma proposta que aponte para o contrato coletivo de trabalho, a partir de uma pauta básica unificada, abrindo um amplo processo de negociações em nível nacional.

3. Pauta básica unificada. Proposta indicativa para todas as confederações da CUT. Rumo ao contrato coletivo de trabalho

I. Redução da jornada de trabalho

Definir forma e cronograma visando a redução da jornada de trabalho, sem redução salarial.

II. Organização no local de trabalho

A organização no local de trabalho (OLT) é o principal pressuposto para constituição de um Sistema Democrático de Relações de Trabalho ao qual aspiramos.

Celebrar cláusula de reenvio (cláusula que estabelece de imediato os parâmetros obrigatórios sob o qual deverá ser estabelecido determinado direito e delega às partes, no caso sindicato e empresa, o poder de posteriormente complementar estes parâmetros com as questões específicas de cada local), assegurando os parâmetros gerais que deverão ser obedecidos na implantação da OLT, dentro de um cronograma predeterminado e, ao mesmo tempo, tornando possível às partes levar em consideração as especificidades do ramo/região/empresa.

Assegurar a estabilidade aos representantes dos empregados, eleitos através de votação secreta supervisionada pelo respectivo sindicato, e com tempo para desenvolver as atribuições previstas em estatuto próprio.

O referido estatuto deverá ser negociado entre os sindicatos e as representações patronais, dentro do prazo de seis meses, contemplando o número de representantes, sua distribuição por setores, dentre outros aspectos.

III. Sistema de solução de conflitos individuais e coletivos nas relações de trabalho

O sistema de solução de conflitos abrangerá os seguintes mecanismos:

a) Solução de conflitos individuais: suscitados por iniciativa de qualquer uma das partes. O conflito deverá ser previamente examinado e, se possível, solucionado no âmbito do local de trabalho entre a gerência e OLT/sindicato. A solução consensual, quando houver, será adotada, por escrito, com assinatura das partes, na forma de acordo. O prazo para discussão do problema será de 30 dias, a contar da data em que uma parte der ciência à outra.

b) Solução de conflitos coletivos: suscitados por iniciativa de qualquer uma das partes. O conflito deverá ser previamente examinado e, se possível, solucionado no âmbito da representação patronal e a representação dos trabalhadores. A solução consensual, quando houver, será adotada, por escrito, com assinatura das partes, na forma de acordo. O prazo para discussão do problema será de 60 dias, a contar da data em que uma parte der ciência à outra.

— Os prazos previstos acima poderão ser prorrogados, desde que haja comum acordo entre as partes.

— Não havendo consenso na solução a ser adotada, as partes poderão se submeter ao procedimento de mediação ou, diretamente, e arbitragem, desde que de comum acordo.

— Não havendo consenso na solução a ser adotada, seja em conflitos individuais ou coletivos, a parte interessada em levar o caso à apreciação da JT deverá demonstrar perante a mesma que cumpriu os procedimentos de solução consensual previstos acima, sob pena de ter prejudicado o seu direito. O não cumprimento das formalidades supra-mencionadas pressuõe dispensa imotivada do trabalhador para todos os efeitos legais.

— Em se tratando de conflito individual o trabalhador não poderá ser afastado do exercício das funções até o trânsito em julgado da sentença judicial.

IV. Garantias sindicais

— Garantia do livre acesso do sindicato às dependências da empresa.

— Garantia de realização de pelo menos quatro assembleias anuais promovidas pelos respectivos sindicatos no interior das empresas.

— Disponibilidade periódica de local e meios, nas dependências das empresas, para associação dos trabalhadores ao sindicato.

V. Poder aquisitivo dos salários

— Integral recuperação das perdas salariais.

— Manutenção e incremento do poder aquisitivo dos salários.

— Recuperação da massa salarial.

VI. Participação dos trabalhadores nos resultados

— Deverá ser assegurada a participação dos trabalhadores nos resultados das empresas através de Convenção e Acordos Coletivos celebrados com os sindicatos nos quais estará prevista a obrigatoriedade das empresas seguirem os seguintes critérios:

a) Distribuição dos resultados (considerados todos os seus componentes, tais como lucro, produtividade física, produtividade monetária, qualidade, entre outros).

b) Proibição de estipulação de metas individuais, grupais ou setoriais, bem como metas futuras gerais que não levem em consideração a produção passada, o aumento do emprego, a qualidade do processo de trabalho, a saúde do trabalhador, entre outros.

c) Garantia de distribuição de valores iguais entre todos os empregados.

d) Garantia que a remuneração dos empregados seja composta de no mínimo 85% de salários e demais verbas salariais e o restante composto por valores decorrentes da participação nos resultados. O que exceder os percentuais previstos acima será automaticamente incorporado ao salário para todos os efeitos.

e) Garantia da implantação de OLT e de acesso da mesma às informações da empresa.

VII. Férias

— Pagamento em dobro das férias.

VIII. Garantias contra demissão imotivada

— Garantias contra a dispensa imotivada nos termos estabelecidos durante o processo de negociação, conforme pauta específica a ser apresentada oportunamente.

IX. Terceirização

— Negociação do processo de terceirização, garantindo-se a preservação dos postos de trabalho e o acesso às informações sobre as mudanças planejadas e os motivos das empresas, obedecendo-se os seguintes critérios básicos:

a) Informação permanente da empresa sobre as mudanças planejadas, esclarecendo e discutindo seus motivos (política empresarial, estratégia econômica, renovação tecnológica) junto ao sindicato/OLT.

b) Rediscussão das atividades de terceiros realizadas internamente à fábrica, caso a caso.

c) Toda negociação sobre terceirização deverá ser precedida da busca de alternativas internas para execução da atividade em questão.

d) Avaliação dos processos de terceirização, e prazo mínimo para a empresa contratada adequar-se aos padrões acordados em termos de qualidade e condições de trabalho.

e) Definir critérios de mobilidade dos trabalhadores de empresas coligadas que prestam serviços internamente.

f) Priorizar as transferências que tenham como contrapartida a garantia de investimentos em novos produtos e na ampliação da capacidade produtiva, e/ou a manutenção da produção da região, no Estado e no país.

g) Garantir igualdade de direitos entre os trabalhadores da empresa tomadora e os das empresas prestadoras, inclusive direito de sindicalização.

X. Mudanças organizacionais e tecnológicas

— As empresas informarão previamente ao Sindicato/OLT quanto aos seus projetos, em termos de mudanças organizacionais, introdução de novos equipamentos e transferência de produção para outras plantas da empresa.

— Renovação progressiva de parte dos equipamentos das empresas, visando a redução de sua idade média, mediante prévia informação das necessidades de substituição e/ou previsão de investimento em máquinas/equipamentos, discriminadas por áreas.

— Negociação prévia entre empresa e sindicato/OLT para implementação de novos processos produtivos, novos equipamentos e novos produtos.

— Negociação prévia entre empresa e sindicato/OLT para a transferência de atividades para outras plantas da empresa.

— Garantia de realocação dos trabalhadores afetados pelas mudanças, para postos e funções compatíveis ou semelhantes, respeitadas suas capacidades, com o devido retreinamento.

— Representantes patronais e dos trabalhadores acompanharão o alcance dos objetivos relacionados aos projetos de reestruturação através da construção, em comum acordo, de indicadores relativos à produtividade física (produção/trabalhador/tempo), à produtividade monetária (faturamento/trabalhador/tempo) de cada ramo/região/empresa, à qualidade dos produtos e à qualidade de vida no processo de trabalho (no que diz respeito à segurança, saúde, ambiente, satisfação e condições de trabalho) e à qualidade de vida nas comunidades circundantes às empresas.

— Negociação permanente sobre métodos prevencionistas relativos a impactos sobre o meio ambiente e à integridade psico-física dos trabalhadores e da coletividade, resultantes das formas de organização do trabalho e da produção, bem como as mudanças organizacionais e inovações tecnológicas, através da imediata transformação das CIPAs em CCTSMA (Comitês de Condições de Trabalho, Saúde e Meio Ambiente), obedecendo os critérios negociados para a OLT.

XI. Mobilidade interna de pessoal

a) A regulamentação da mobilidade interna de pessoal em cada empresa será definida mediante negociação junto ao sindicato/OLT, vinculada à reestruturação de cargos/funções e obedecendo os seguintes critérios:.

— entre postos e/ou atividades de natureza semelhante e com o mesmo padrão salarial;

— mediante solicitação e negociação prévias junto ao sindicato e à OLT, a partir de necessidades da empresa e dos trabalhadores;

— após qualificação e treinamento adequados para os trabalhadores envolvidos.

b) Entre plantas da mesma empresa, somente mediante solicitação prévia e negociação junto aos respectivos sindicatos e OLTs limitado a um percentual máximo do número total de trabalhadores, percentual este a ser estabelecido em negociação.

XII. Educação/formação profissional

— Definição de um programa de incentivo à educação, visando que todos os trabalhadores tenham no mínimo o 1º grau completo até 1997.

— Garantia a todos os empregados do montante de 50 horas/ano para fins de treinamento e reciclagem profissional, a serem realizados durante a jornada de trabalho. Além disto, os trabalhadores poderão utilizar 8 horas/ano adicionais para participar de cursos de formação sindical promovidos pelo respectivo sindicato profissional.

XIII. Modalidades de contratação atípicas

— Estabelecer parâmetros que regulem formas atípicas de contratação (trabalho temporário, por tempo determinado, a tempo parcial, etc.), impedindo a precarização da relação de trabalho.4

XIV. Creches

— Instalação pela empresa de creches nas imediações para filhos(as) de funcionários(as) com estrutura adequada para o acompanhamento educacional, clínico e dentário de 0 até 6 anos.

— Transporte das crianças a cargo da empresa.

XV. Vigência

— O prazo de vigência do instrumento a ser firmado será acordado livremente entre as partes, assegurando-se que o mesmo tenha suas cláusulas prorrogadas até que o novo instrumento seja convencionado entre as partes.

São Paulo, 4 de maio de 1995.

Anexo II

ROTEIRO DE ENTREVISTAS

1. O contrato coletivo de trabalho
- itens/conteúdo do contrato coletivo.
- prazos das cláusulas/renegociação.
- estrutura da negociação.
- mecanismos de resolução de impasses.
- representação dos empregados no local de trabalho.

2. Transição do atual modelo para um modelo mais flexível de relações de trabalho
- dificuldades para implantação imediata.
- efeitos possíveis para empregados e empresários.
- impacto das negociações nos salários.
- solução de conflitos.
- direito de greve.

3. O papel dos sindicatos
- situação dos sindicatos com a adoção do contrato coletivo.
- pluralidade sindical.
- garantias sindicais.
- organização sindical e representação na negociação.
- organização empresarial e representação na negociação.

4. O papel do Estado num sistema mais flexível
- intervenção nas categorias menos organizadas.
- desregulamentação X CLT.
- extensão dos contratos coletivos.
- intervenção em contratos já celebrados.
- papel nas relações trabalhistas como um todo.